일본어 한대

중 급 도 한 대

2

日本語漢大

일본어 한대

중급도 한대

동사의 진행 및 상태 ①：~ている ― 동사의 진행 및 상태 ②：~ている ― 동사의 진행 및 상태 ③：~ている ― 명사의 수수：~あげる・~もらう・~くれる ― 동사의 수수：~てあげる・~てもらう・~てくれる ― 동사의 과거형 ― 형용사와 명사의 과거형 ― 경험：~たことがある, 동사의 시점：~たところ・~たばかり ― 동사의 상태：~ところ・~ているところ・~たところ ― 동작의 난이도：~やすい・~にくい ― 과도：~すぎる ― 양태：~そうだ ― 전문：~そうだ ― 추측：~らしい・~ようだ ― 허용：~てもいいです, 규칙 및 금지：~てはいけません ― 원인 및 이유 ①：~て ― 원인 및 이유 ②：~から・~ので ― 자동사와 타동사 ― 상황의 변화：~ていく・~てくる ― 상태：~てある・~ておく ― 동사의 부정형 ― 형용사와 명사의 부정형 ― 의무：~なければなりません ― 권유：~ように ― 부정의 열거：~ないで, 원인 및 이유 ③：~なくて ― 금지：~ないでください, 허용：~なくてもいいです ― 동사의 가능형 ― 동사의 사역형 ― 동사의 의향・청유형 ― 동사의 명령형과 금지형 ― 동사의 수동형 ① ― 동사의 수동형 ② ― 동사의 수동형 ③ ― 조건・가정형 ①：~と ― 조건・가정형 ②：~たら ― 조건・가정형 ③：~なら ― 조건・가정형 ④：~ば ― 조건・가정형 종합

2

한양대학교 일본어교재편찬위원회 편

한양대학교 출판부

머리말

본 교재는 한양대학교 일본어 교재인『일본어 한대 1 – 초급부터 한대』의 속편에 해당하며, 일본어 초급 문법의 후반부에 해당하는 내용을 문형 중심으로 구성하였습니다.

본 교재의 가장 큰 특징은 학생 스스로 '문법의 구조를 예상'하고 연습 문제와 해설을 통해 '문법의 핵심을 이해 및 습득'할 수 있도록 구성한 것입니다. 문형 항목들은 과별로 각각 분리되어 있으므로 필요한 문법을 선택하여 학습할 수 있습니다.

『일본어 한대 2 – 중급도 한대』는 학습자가 기존에 습득한 기초 수준의 일본어 실력을 다지고 심화하여 외국어로서 다양한 표현을 익힐 수 있도록 구성하였습니다. 여러분의 일본어 실력 향상에 도움이 되는 교재가 되기를 바랍니다.

2019년 8월

한양대학교 일본어교재편찬위원회

이 책의 구성 및 특징

■ Intro : 〈일본어 한대 1〉의 복습

본 교재의 전편에 해당하는『일본어 한대 1 – 초급부터 한대』에서 다룬 학습항목의 핵심을 정리한 것으로, 본 교재의 학습에 필요한 기초적인 내용이 수록되어 있습니다.

■ 문형 학습

『일본어 한대 2 – 중급도 한대』에서 학습할 항목을 38개의 chapter로 구성하였습니다.

■ Outro : 일본 필수지식

일본의 지리, 환경, 생활 등과 관련된 지식을 통해 독해, 한자 및 어휘를 학습을 할 수 있도록 구성하였습니다.

■ '문형학습' 본문의 구조

#첫 페이지: 문법의 핵심 예측 및 연습문제

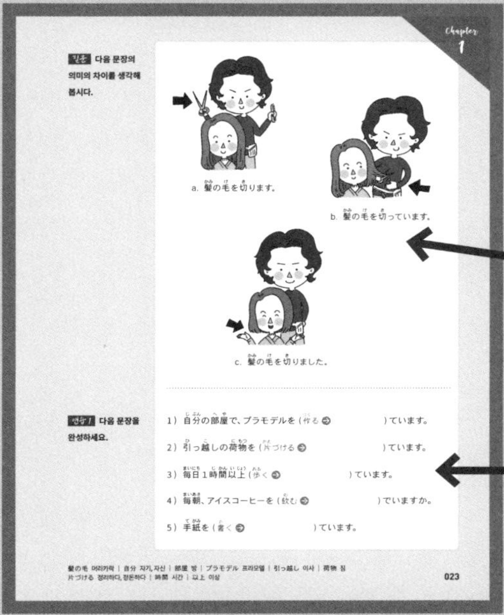
Chapter 1

질문 다음 문장의 의미의 차이를 생각해 봅시다.

a. 髪の毛を切ります。

b. 髪の毛を切っています。

c. 髪の毛を切りました。

연습 1 다음 문장을 완성하세요.

1） 自分の部屋で、プラモデルを（作る ➡　　　　）ています。
2） 引っ越しの荷物を（片づける ➡　　　　）ています。
3） 毎日１時間以上（歩く ➡　　　　）ています。
4） 毎朝、アイスコーヒーを（飲む ➡　　　　）でいますか。
5） 手紙を（書く ➡　　　　）ています。

髪の毛 머리카락 | 自分 자기, 자신 | 部屋 방 | プラモデル 프라모델 | 引っ越し 이사 | 荷物 짐
片づける 정리하다, 정돈하다 | 時間 시간 | 以上 이상

023

'질문'을 통해 이 과에서 학습할 문법의 규칙을 그림과 문장을 통해 예측할 수 있습니다. '질문'의 '설명'은 바로 뒷면에 있으므로, 이를 참조하여 학습할 수 있습니다.

'질문'에서 확인한 문법과 문형의 규칙을 연습문제를 풀며 확인할 수 있습니다. 정답은 교재 뒷면을 참조하세요.

#두 번째 페이지: 문법의 설명과 응용문제

'질문'의 핵심을 '설명'한 것으로, 예문의 해석과 문형 구조를 확인할 수 있습니다.

해당 과에서 학습한 항목에 추가로 필요한 특징과 내용을 이해하는 데 도움이 되는 응용문제가 수록되어 있습니다. 정답은 교재 뒷면을 참조하세요.

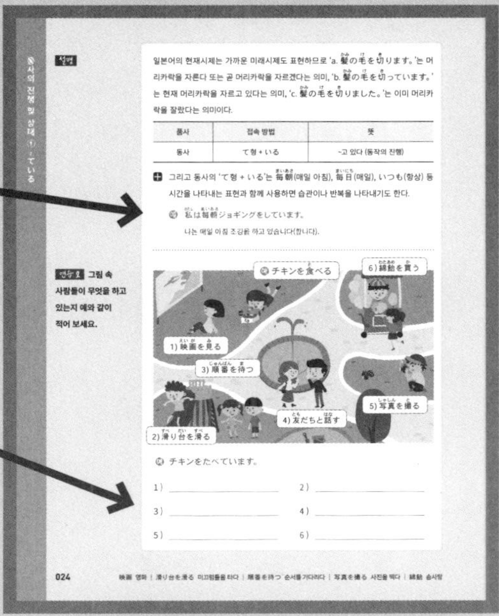
동사의 진행 및 상태 ① -ている

설명

일본어의 현재시제는 가까운 미래시제도 표현하므로 'a. 髪の毛を切ります。'는 머리카락을 자른다 또는 곧 머리카락을 자르겠다는 의미, 'b. 髪の毛を切っています。'는 현재 머리카락을 자르고 있다는 의미, 'c. 髪の毛を切りました。'는 이미 머리카락을 잘랐다는 의미이다.

품사	접속 방법	뜻
동사	て형 + いる	-고 있다 (동작의 진행)

➕ 그리고 동사의 'て형 + いる'는 毎朝(매일 아침), 毎日(매일), いつも(항상) 등 시간을 나타내는 표현과 함께 사용하면 습관이나 반복을 나타내기도 한다.

예 私は毎朝ジョギングをしています。
나는 매일 아침 조깅을 하고 있습니다(합니다).

연습 2 그림 속 사람들이 무엇을 하고 있는지 예와 같이 적어 보세요.

예 チキンをたべています。

1）＿＿＿＿＿＿　2）＿＿＿＿＿＿
3）＿＿＿＿＿＿　4）＿＿＿＿＿＿
5）＿＿＿＿＿＿　6）＿＿＿＿＿＿

024

映画 영화 | 滑り台を滑る 미끄럼틀을 타다 | 順番を待つ 순서를 기다리다 | 写真を撮る 사진을 찍다 | 綿飴 솜사탕

차례

Intro

〈일본어 한대 1〉의 복습

1 품사별 긍정형과 부정형

품사	현재 긍정	현재 부정	과거 긍정	과거 부정
명사	本(ほん)です	本(ほん)じゃありません	本(ほん)でした	本(ほん)じゃありませんでした
な형용사	好(す)きです	好(す)きじゃありません	好(す)きでした	好(す)きじゃありませんでした
い형용사	高(たか)いです	高(たか)くありません	高(たか)かったです	高(たか)くありませんでした
	いいです 예외	よくありません	よかったです	よくありませんでした
	ないです 예외	×	なかったです	×
동사	書(か)きます	書(か)きません	書(か)きました	書(か)きませんでした

• ないです는 '없습니다'라는 뜻으로 현재 및 과거의 부정형은 존재하지 않는다.

위의 표현은 다음과 같이 사용되기도 한다.

품사	현재 긍정	현재 부정	과거 긍정	과거 부정
명사	本(ほん)です	本(ほん)じゃないです	本(ほん)でした	本(ほん)じゃなかったです
な형용사	好(す)きです	好(す)きじゃないです	好(す)きでした	好(す)きじゃなかったです
い형용사	高(たか)いです	高(たか)くないです	高(たか)かったです	高(たか)くなかったです
	いいです 예외	よくないです	よかったです	よくなかったです
	ないです 예외	×	なかったです	×
동사	書(か)きます	書(か)かないです	書(か)きました	書(か)かなかったです

• ありません은 ないです와 같은 표현이지만, ありません은 1그룹 동사로 활용하며 ないです는 い형용사로 활용한다.

• 두 표현 모두 '없습니다'라는 뜻을 가지고 있지만 ありません 쪽이 정중한 표현이다.

2 동사의 종류

<table>
<tr><td rowspan="3">1그룹</td><td>어미가 る가 아닌 모든 동사</td><td>会(あ)う
書(か)く
話(はな)す
待(ま)つ
死(し)ぬ
遊(あそ)ぶ
読(よ)む</td><td>만나다
쓰다
이야기하다
기다리다
죽다
놀다
읽다</td></tr>
<tr><td>어미가 る이고 る앞의 글자가
あ단・う단・お단의 글자인 동사</td><td>ある
売(う)る
乗(の)る</td><td>있다
팔다
타다</td></tr>
<tr><td>예외동사
(1그룹 중 예외동사로 자주 사용되는 것은
다음 다섯 개이다.)</td><td>切(き)る
知(し)る
入(はい)る
走(はし)る
帰(かえ)る</td><td>끊다
알다
들어가다
달리다
돌아가(오)다</td></tr>
<tr><td>2그룹</td><td>어미가 る이고 る앞의 글자가
い단・え단의 글자인 동사</td><td>見(み)る
食(た)べる</td><td>보다
먹다</td></tr>
<tr><td>3그룹</td><td>불규칙동사</td><td>する
来(く)る</td><td>하다
오다</td></tr>
</table>

3 동사 사전형에 ます를 접속하는 방법

<table>
<tr><td>1그룹</td><td>어미 う단을 い단으로
바꾸고 ます를 접속한다.</td><td>会(あ)う　만나다　→　会(あ)います
書(か)く　쓰다　→　書(か)きます
話(はな)す　이야기하다　→　話(はな)します
待(ま)つ　기다리다　→　待(ま)ちます
死(し)ぬ　죽다　→　死(し)にます
遊(あそ)ぶ　놀다　→　遊(あそ)びます
飲(の)む　마시다　→　飲(の)みます
乗(の)る　타다　→　乗(の)ります</td></tr>
<tr><td>2그룹</td><td>어미 る를 떼고
ます를 접속한다.</td><td>見(み)る　보다　→　見(み)ます
食(た)べる　먹다　→　食(た)べます</td></tr>
<tr><td>3그룹</td><td>형태가 바뀐다.</td><td>する　하다　→　します
来(く)る　오다　→　来(き)ます</td></tr>
</table>

3-1 동사의 ます형에 접속되는 표현

- **ます형 + ながら** ~하면서

  예 コーヒーを飲(の)みながら話(はな)しました。

- **(~が) + ます형 + たい** (~을/를) ~하고 싶다

  예 映画(えいが)が見(み)たいです。

- **ます형 + に + 行(い)く** ~하러 가다

  예 映画(えいが)を見に行(い)きます。

4 동사 사전형에 て를 접속하는 방법

1그룹	어미가 う・つ・る인 경우는 って를 접속한다.	会(あ)う 만나다 → 会(あ)って 待(ま)つ 기다리다 → 待(ま)って 乗(の)る 타다 → 乗(の)って
	어미가 ぬ・ぶ・む인 경우는 んで를 접속한다.	死(し)ぬ 죽다 → 死(し)んで 呼(よ)ぶ 부르다 → 呼(よ)んで 飲(の)む 마시다 → 飲(の)んで
	어미가 く(ぐ)인 경우는 いて(いで)를 접속한다.	書(か)く 쓰다 → 書(か)いて 急(いそ)ぐ 서두르다 → 急(いそ)いで 行(い)く 예외 가다 → 行(い)って
	어미가 す인 경우는 して를 접속한다.	話(はな)す 이야기하다 → 話(はな)して
2그룹	어미 る를 떼고 て를 접속한다.	見(み)る 보다 → 見(み)て 食(た)べる 먹다 → 食(た)べて
3그룹	형태가 바뀐다.	する 하다 → して 来(く)る 오다 → 来(き)て

4-1 동사의 て형에 접속되는 표현

- **て형 + ください** ~해 주세요

  예 レポートを書(か)いてください。

5 조사

- **は** 은/는
  - 예 私(わたし)は学生(がくせい)です。
- **か** 까
  - 예 友(とも)だちですか。
- **の** 의
  - 예 私(わたし)の本(ほん)です。
- **の** 의 것
  - 예 この本(ほん)は私(わたし)のです。
- **が** 이/가
  - 예 時計(とけい)があります。
- **も** 도
  - 예 めがねもあります。
- **に** [위치, 장소]에
  - 예 テーブルの上(うえ)にあります。
- **と** 와/과
  - 예 田中(たなか)さんと山田(やまだ)さんです。
- **に** [시간]에
  - 예 朝(あさ)7時(じ)に起(お)きます。
- **から** 에서, 부터
  - 예 映画(えいが)は7時(じ)からです。
- **まで** 까지
  - 예 授業(じゅぎょう)はここまでです。
- **へ** 로, 에
  - 예 学校(がっこう)へ行(い)きます。
- **で** [장소]에서
  - 예 お昼(ひる)は学食(がくしょく)で食(た)べます。
- **で** [수단, 방법]으로/로
  - 예 タクシーで行(い)きます。
- **より** 보다
  - 예 ラーメンはステーキより安(やす)いです。
- **が** (이)지만, 인데, 는데
  - 예 ステーキは高(たか)いですが、
    ラーメンは安(やす)いです。

6 조사에 주의해야 할 표현

- **명사 + に + 会(あ)う** 을/를 만나다

  예 彼女(かのじょ)に会(あ)います。

- **명사 + に + 乗(の)る** 을/를 타다

  예 自転車(じてんしゃ)に乗(の)ります。

- **명사 + が + 好(す)き・嫌(きら)い** 을/를 좋아하다·싫어하다

  예 りんごが好(す)きです・嫌(きら)いです。

- **명사 + が + 上手(じょうず)・下手(へた)** 을/를 잘하다·못하다

  예 歌(うた)が上手(じょうず)です・下手(へた)です。

- **명사 + が + ほしい** 을/를 갖고 싶다

  예 新(あたら)しいスマホがほしいです。

7 기타 표현

- **~より~の方(ほう)が** ~보다 ~(쪽)이/가

  예 渋谷(しぶや)より原宿(はらじゅく)の方(ほう)がにぎやかです。

- **な형용사 + に + なる** 해 지다

  예 きれいになりました。

- **い형용사 - 어미의 い + く + なる** 해 지다

  예 寒(さむ)くなりました。

8 품사별 나열 방법 (A(이/하)고 B이다)

- **명사 + で** (이)고

  예 私(わたし)は韓国人(かんこくじん)で、あの人(ひと)は日本人(にほんじん)です。

- **な형용사 + で** (하)고

  예 便利(べんり)で楽(らく)です。

- **い형용사 - 어미의 い + くて** (하)고

  예 安(やす)くておいしいです。

9 의문사

- **何(なん)** 무엇

  예 これは何(なん)ですか。

  ('을/를'에 해당하는 조사 を를 접속할 경우,

  何의 발음은 なに가 된다)

- **どこ** 어디

  예 食堂(しょくどう)はどこですか。

- **いつ** 언제

  예 テストはいつですか。

- **だれ** 누구

  예 このかばんはだれのですか。

- **いくつ** 몇 개

  예 全部(ぜんぶ)でいくつありますか。

- **どれ** 어느 것

  예 どれがいちばんいいですか。

Memo

문형 학습

Memo

질문 다음 문장의 의미의 차이를 생각해 봅시다.

a. 髪(かみ)の毛(け)を切(き)ります。

b. 髪(かみ)の毛(け)を切(き)っています。

c. 髪(かみ)の毛(け)を切(き)りました。

연습 1 다음 문장을 완성하세요.

1） 自分(じぶん)の部屋(へや)で、プラモデルを（作(つく)る ➔ 　　　　　）ています。

2） 引(ひ)っ越(こ)しの荷物(にもつ)を（片(かた)づける ➔ 　　　　　）ています。

3） 毎日(まいにち)１時間以上(じかんいじょう)（歩(ある)く ➔ 　　　　　）ています。

4） 毎朝(まいあさ)、アイスコーヒーを（飲(の)む ➔ 　　　　　）でいますか。

5） 手紙(てがみ)を（書(か)く ➔ 　　　　　）ています。

髪の毛 머리카락 | 自分 자기, 자신 | 部屋 방 | プラモデル 프라모델 | 引っ越し 이사 | 荷物 짐
片づける 정리하다, 정돈하다 | 時間 시간 | 以上 이상

설명

일본어의 현재시제는 가까운 미래시제도 표현하므로 'a. 髪の毛を切ります。'는 머리카락을 자른다 또는 곧 머리카락을 자르겠다는 의미, 'b. 髪の毛を切っています。'는 현재 머리카락을 자르고 있다는 의미, 'c. 髪の毛を切りました。'는 이미 머리카락을 잘랐다는 의미이다.

품사	접속 방법	뜻
동사	て형 + いる	~고 있다 (동작의 진행)

➕ 그리고 동사의 'て형 + いる'는 毎朝(매일 아침), 毎日(매일), いつも(항상) 등 시간을 나타내는 표현과 함께 사용하면 습관이나 반복을 나타내기도 한다.

예 私は毎朝ジョギングをしています。

나는 매일 아침 조깅을 하고 있습니다(합니다).

연습 2 그림 속 사람들이 무엇을 하고 있는지 예와 같이 적어 보세요.

예 チキンをたべています。

1) ______________________ 2) ______________________

3) ______________________ 4) ______________________

5) ______________________ 6) ______________________

映画 영화 | 滑り台を滑る 미끄럼틀을 타다 | 順番を待つ 순서를 기다리다 | 写真を撮る 사진을 찍다 | 綿飴 솜사탕

질문 일본어 문장의 표현과 한국어 표현의 차이를 생각해 봅시다.

カチューシャ 머리띠 | 真珠 진주 | ネックレス 목걸이 | しめる 매다 | 水玉 물방울 | そでなし 민소매
腕時計 손목시계 | ヒール 하이힐 | はく (하의를) 입다, 신다 | かぶる 쓰다 | かける 걸다, 쓰다 | 半そで 반팔
靴下 양말 | サンダル 샌들 | グレー 그레이, 회색 | 半ズボン 반바지

설명

착용에 관한 동사는 다음과 같이 구분된다.

① 着(き)る : 상의를 입는 경우에 사용한다.

② はく : 하의를 입거나 양말, 신발 등을 신는 경우에 사용한다.

③ かぶる : 모자를 쓰는 경우에 사용한다.

④ しめる : 넥타이, 벨트 등을 메는 경우에 사용한다. 한국어의 쓰임과 같다.

⑤ かける : 안경을 쓰는 경우에 사용한다.

⑥ する : 일반적으로 '하다'라는 동사로 대체될 수 있는 위 ④, ⑤의 착용을 표현할 때 사용한다. 단, 마스크의 경우는 'マスクをする'라는 표현 외에는 사용할 수 없다.

연습 **다음 문장을 완성하세요.**

1) 上原(うえはら)さんはジーンズを (　　　　　) ています。

2) 眼鏡(めがね)を (　　　　　) ている人(ひと)はだれですか。

3) 私(わたし)は白(しろ)いコートを (　　　　　) ています。

4) 赤(あか)いネクタイを (　　　　　) ている人(ひと)が奥山(おくやま)さんです。

5) ブーツを (　　　　　) ている人(ひと)を探(さが)してください。

6) ピンクのスカーフを (　　　　　) ている人(ひと)は金田(かねだ)さんですか。

ジーンズ 청바지 | 眼鏡 안경 | コート 코트 | 探す 찾다 | スカーフ 스카프

질문 다음 문장의 의미의 차이를 생각해 봅시다.

a. パンを食(た)べました。 b. パンを食(た)べています。 c. パンを食(た)べます。

d. 花(はな)が咲(さ)きました。 e. 花(はな)が咲(さ)いています。 f. 花(はな)が咲(さ)きます。

연습 1 다음 동사를 조건에 맞게 구분하세요.

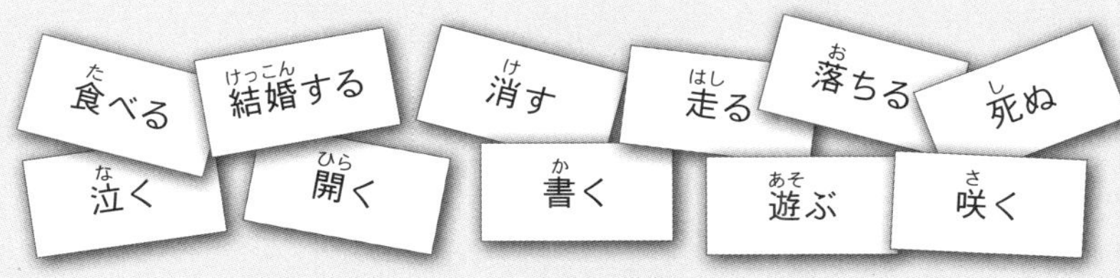

연속성이 있는 동사	순간적인 동작을 나타내는 동사
예 食べる	예 咲く

花 꽃 | 咲く 피다 | 結婚する 결혼하다 | 消す 지우다, 끄다 | 走る 달리다 | 落ちる 떨어지다 | 泣く 울다
開く 열리다 | 遊ぶ 놀다 | 死ぬ 죽다

설명

'a. パンを食べました。'는 이미 빵을 먹은 상태, 'b. パンを食べています。'는 현재 빵을 먹고 있는 동작의 진행, 'c. パンを食べます。'는 현재 빵을 먹는다는 뜻과 가까운 미래에 먹겠다는 뜻을 가지고 있다. 'd. 花が咲きました。'와 'f. 花が咲きます。'는 각각 '꽃이 피었습니다' '꽃이 핍니다'로 해석되지만, 'e. 花が咲いています。'는 '꽃이 피어 있습니다'로 해석되어, 꽃이 피는 상태가 완료된 것을 설명한다.

➕ 見る(보다)・作る(만들다)・食べる(먹다) 등 동작의 주체가 의지대로 동작을 하는 동사의 て형에 いる가 접속되면 동작이 계속되거나 유지되는 것을 나타낸다. 그리고 落ちる(떨어지다)・割れる(깨지다)・生まれる(태어나다)・死ぬ(죽다) 등과 같이 상태나 상황의 변화가 순간적으로 일어나는 동사의 て형에 いる가 접속되면 변화가 일어난 상태를 나타낸다.

연습 2 [ ] 안에서 알맞은 표현을 골라 문장을 완성하세요.

1) Q：あの人、[知ります・知っています] か。

A：はい、[知ります・知っています]。

2) Q：今、どこに [住みます・住んでいます] か。

A：韓国のソウルに [住みます・住んでいます]。

연습 3 다음 문장 표현의 차이를 생각해 봅시다.

1) '雨が降ります'와 '雨が降っています', '雨が降りました'는 각각 어떤 차이가 있을까요?

2) '結婚しています'와 '結婚しました'는 각각 어떤 차이가 있을까요?

知る 알다 | 住む 살다, 거주하다 | 雨が降る 비가 오다, 비가 내리다

질문 다음 문장의 의미의 차이를 생각해 봅시다.

A B

a. A君(くん)がBさんにボタンをあげます。

A B

b. BさんがA君(くん)にボタンをもらいます。

c. A君(くん)が私(わたし)にボタンをくれます。

연습 1 다음 문장을 완성하세요.

1）私(わたし)は友(とも)だち（　　　　　）本(ほん)をあげました。

2）友(とも)だちは私(わたし)（　　　　　）本(ほん)をもらいました。

3）これ、友(とも)だちが私(わたし)（　　　　　）くれました。

연습 2

[　] 안에서 알맞은 표현을 골라 문장을 완성하세요.

1）私(わたし)は友(とも)だちに花(か)びんを [あげました・くれました・もらいました]。

2）阿部(あべ)さんは私(わたし)に花(はな)を [あげました・くれました・もらいました]。

3）僕は石塚(いしづか)さんにチョコレートを [あげました・くれました・もらいました]。

설명

'a. A君(くん)がBさんにボタンをあげます。'는 'A군이 B씨에게 단추를 줍니다', 'b. Bさんが A君(くん)にボタンをもらいます。'는 'B씨가 A군에게 단추를 받습니다', 'c. A君(くん)が私(わたし)にボタンをくれます。'는 'A군이 나에게 단추를 줍니다'로 해석할 수 있다. 남이 나 또는 내가 소속된 그룹의 사람에게 준다는 표현인 くれる를 제외하면 한국어와 그 쓰임이 같다.

품사	접속 방법	뜻
동사	명사(물건) + (を) + あげる・もらう・くれる	(을/를) 주다・받다・주다

➕ もらう를 사용한 문장에서 주는 사람에게는 일반적으로 조사 'に(~에게, 한테)'를 사용하며, '~로부터'라는 의미로 표현하고 싶을 때는 'から'를 사용하기도 한다.

연습 3 그림 속 인물의 입장에서 선물을 주고받는 상황을 일본어 문장으로 완성하세요.

Aくん의 입장 : 1) ______________________

2) ______________________

Bさん의 입장 : 3) ______________________

질문 다음 문장의 의미의 차이를 생각해 봅시다.

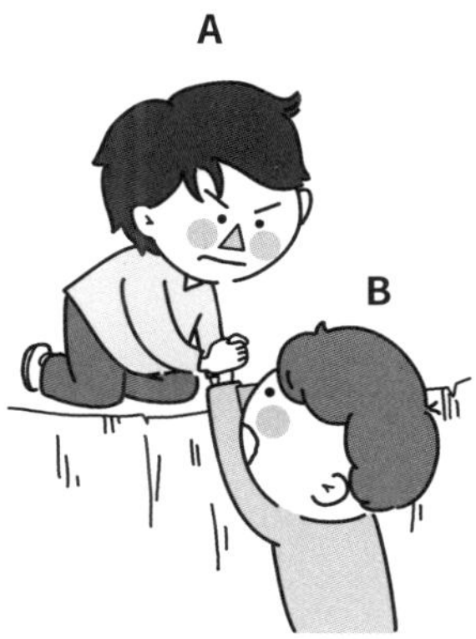

a. Aにコーヒーをおごってあげます。

b. Bにコーヒーをおごってもらいます。

c. Bを助(たす)けてあげています。

d. Aに助(たす)けてもらっています。

연습 1 다음 문장을 완성하세요.

1）

2）

1） 僕(ぼく)はAさん（　　）チョコレートを（作(つく)る+もらう ➔　　　　）ました。

Aさんは僕(ぼく)（　　）チョコレートを（作(つく)る+くれる ➔　　　　）ました。

2） Bさんは私(わたし)（　　）写真(しゃしん)を（見(み)せる+くれる ➔　　　　）ました。

私(わたし)はBさん（　　）写真(しゃしん)を（見(み)せる+もらう ➔　　　　）ました。

女性 여성 | おごる 한턱 내다 | 男性 남성 | 助ける 돕다, 구조하다 | 作る 만들다 | 写真 사진 | 見せる 보여주다

설명

'a. Aにコーヒーをおごってあげます。'는 'A에게 커피를 사줍니다'라는 뜻이다. 같은 상황을 A의 입장에서 쓴 문장 'b. Bにコーヒーをおごってもらいます。'는 'B가 커피를 사줍니다'라는 뜻이다.

벼랑에서 떨어지는 사람을 돕는 사람의 입장에서 보면 'c. Bを助(たす)けてあげています。'는 'B를 도와주고 있습니다'로 해석, 반대로 떨어지는 사람 입장에서 보면 'd. Aに助(たす)けてもらっています。'는 'A에게 도움을 받고 있습니다'라고 해석할 수 있다.

동사의 'て형 + くれる'는 '(남이 나, 또는 나와 가까운 주변인에게) ~을 해 주다'라는 표현이다.

품사	접속 방법	뜻
동사	て형 + あげる・もらう・くれる	~해 주다・받다・주다

연습 2 다음 문장을 완성하세요.

1) 孫(まご) ______________ あげました。

2) おばあさん ______________ もらいました。

3) 孫(まご) ______________ くれました。

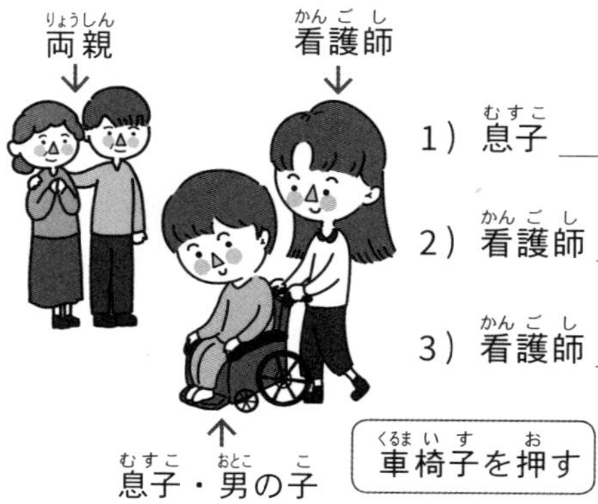

1) 息子(むすこ) ______________ もらいました。

2) 看護師(かんごし) ______________ あげました。

3) 看護師(かんごし) ______________ くれました。

持つ 들다 | 孫 손자 | おばあさん 할머니 | 車椅子 휠체어 | 押す 누르다, 밀다 | 看護師 간호사
息子 아들 | 両親 부모

질문 1 다음 문장에서 동사의 과거형의 형태와 의미를 확인하세요.

- 昨日(きのう)、友(とも)だちに会(あ)いました。
  어제 친구를 만났습니다.
- 昨日(きのう)、友(とも)だちに会(あ)った。
  어제 친구를 만났다(만났어).

질문 2 다음 표를 보고 동사의 과거형(た형)을 만드는 방법을 확인하세요.

사전형	뜻	て형	과거형
会(あ)う	만나다	あって	あった
飲(の)む	마시다	のんで	のんだ
帰(かえ)る	돌아가(오)다	かえって	かえった
見(み)る	보다	みて	みた
食(た)べる	먹다	たべて	たべた
する	하다	して	した
来(く)る	오다	きて	きた

연습 1 다음 표를 완성하세요.

사전형	뜻	て형	과거형
書(か)く	쓰다		
急(いそ)ぐ	서두르다		
立(た)つ	서다		
死(し)ぬ	죽다		
取(と)る	집다		
入(はい)る	들어가(오)다		
いる	있다		

昨日 어제

설명 1

동사의 과거형(た형)은 て형을 만드는 방법과 같다.

설명 2

품사		접속 방법	예
동사	1그룹	어미 う・つ・る를 지우고 った 접속	買(か)う → 買(か)った 샀다 持(も)つ → 持(も)った 들었다 切(き)る → 切(き)った 잘랐다
		어미 ぬ・む・ぶ를 지우고 んだ 접속	死(し)ぬ → 死(し)んだ 죽었다 飲(の)む → 飲(の)んだ 마셨다 呼(よ)ぶ → 呼(よ)んだ 불렀다
		어미 く(ぐ)를 지우고 いた(いだ) 접속	書(か)く → 書(か)いた 썼다 脱(ぬ)ぐ → 脱(ぬ)いだ 벗었다 行(い)く → 行(い)った 갔다 **예외**
	2그룹	어미 る를 지우고 た 접속	食(た)べる → 食(た)べた 먹었다
	3그룹	불규칙 활용	する → した 했다 来(く)る → 来(き)た 왔다

➕ 동사의 과거형은 회화체에서는 반말로 사용된다.

연습 2 **다음 문장을 완성하세요.**

1） 雨(あめ)が（やむ ➔ ）だ。

2） 授業(じゅぎょう)のベルが（鳴(な)る ➔ ）た。

3） 深夜映画(しんやえいが)を見(み)に（行(い)く ➔ ）た。

4） 友(とも)だちは先(さき)に（帰(かえ)る ➔ ）た。

5） 10年(ねん)ぶりに子供(こども)の頃(ころ)の友(とも)だちに（会(あ)う ➔ ）た。

やむ 멈추다, 그치다 | 鳴る 울리다 | 深夜映画 심야영화 | 先に 먼저 | ~ぶり ~만에
子供 어린이, 아이 | ~頃 ~경, ~때, ~적

질문 1 다음 문장에서 형용사와 명사의 과거형의 형태와 의미를 확인하세요.

- 昨日(きのう)は忙(いそが)しかったです。
  어제는 바빴습니다.
- 昨日(きのう)は忙(いそが)しかった。
  어제는 바빴다(바빴어).
- この町(まち)は昔(むかし)、静(しず)かでした。
  이 동네는 옛날에 조용했습니다.
- この町(まち)は昔(むかし)、静(しず)かだった。
  이 동네는 옛날에 조용했다(했어).
- ここは昔(むかし)、海(うみ)でした。
  이곳은 옛날에 바다였습니다.
- ここは昔(むかし)、海(うみ)だった。
  이곳은 옛날에 바다였다(였어).

질문 2 다음 표를 보고 형용사와 명사의 과거형(た형)을 만드는 방법을 확인하세요.

い형용사		な형용사		명사	
사전형	과거형	사전형	과거형	사전형	과거형
いい	よかった	暇(ひま)	暇(ひま)だった	学生(がくせい)	学生(がくせい)だった
大(おお)きい	大(おお)きかった	上手(じょうず)	上手(じょうず)だった	ペン	ペンだった
楽(たの)しい	楽(たの)しかった	好(す)き	好(す)きだった	赤(あか)	赤(あか)だった

연습 1 다음 표를 완성하세요.

い형용사		な형용사		명사	
사전형	과거형	사전형	과거형	사전형	과거형
ない		きれい		スマホ	
かわいい		親切(しんせつ)		車(くるま)	
おいしい		有名(ゆうめい)		時計(とけい)	

町 마을, 동네 | 昔 옛날 | 海 바다

설명 1

형용사와 명사에 た가 접속되면 과거를 나타낸다.

설명 2

품사	접속 방법	예
い형용사	어미 い를 지우고 かった 접속	嬉(うれ)しい → 嬉(うれ)しかった 기뻤다 いい → よかった **예외** 좋았다
な형용사	사전형 + だった	下手(へた) → 下手(へた)だった 못했다
명사		私(わたし) → 私(わたし)だった 나였다

➕ 형용사와 명사의 과거형(た형)은 회화에서는 반말로 사용된다.

연습 2 다음 문장을 완성하세요.

1) 昨日(きのう)は私(わたし)の (誕生日(たんじょうび) ➔) た。

2) 去年(きょねん)の冬(ふゆ)はとても (寒(さむ)い ➔) た。

3) 前(まえ)はスキーが (上手(じょうず) ➔) た。

4) 先週(せんしゅう)は久(ひさ)しぶりに (暇(ひま) ➔) た。

5) 昨日(きのう)、昔(むかし) (好(す)き ➔) 人(ひと)に会(あ)った。

6) その問題(もんだい)はあまり (難(むずか)しい ➔) た。

誕生日 생일 | 去年 작년 | 冬 겨울 | 前は 전에는 | 先週 지난주 | 久しぶりに 오랜만에 | 問題 문제

질문 1 다음 문장의 의미의 차이를 생각해 봅시다.

a. 飛行機(ひこうき)に乗(の)りました。　　b. 飛行機(ひこうき)に乗(の)ったことがあります。

질문 2 다음 문장의 의미의 차이를 생각해 봅시다.

a. ご飯(はん)を食(た)べたところです。　　b. 食(た)べたばかりです。

연습 1 (　)안의 단어에 '~たことがある'를 접속하여 문장을 완성하세요.

1） 宝(たから)くじに（当(あ)たる ➔ 　　　　　　　　）ますか。

2） 人(ひと)の財布(さいふ)を（拾(ひろ)う ➔ 　　　　　　　　）ます。

3） うそを（つく ➔ 　　　　　　　　）ます。

연습 2 [　] 안에서 알맞은 표현을 골라 문장을 완성하세요.

1） 2時間前(じかんまえ)に食(た)べた［ところ・ばかり］です。

2） 買(か)った［ところ・ばかり］の服(ふく)がどこへ行(い)ったのか見(み)つからない。

3） A：ごめん。待(ま)った？

B：ううん、今来(いまき)た［ところ・ばかり］だよ。

飛行機 비행기 | 乗る 타다 | ご飯 밥 | 宝くじ 복권 | 当たる 당첨되다 | 財布 지갑 | 拾う 줍다 | うそをつく 거짓말을 하다
服 옷 | 見つからない 발견되지 않다, 못 찾다

설명 1

'a. 飛行機に乗りました。'는 비행기를 탔던 사실을, 'b. 飛行機に乗ったことがあります。'는 비행기를 탄 적이 있다는 경험을 설명하는 표현이다.

예 私は富士山に登ったことがある。 나는 후지산에 등산한 적이 있다.

품사	접속 방법	뜻
동사	た형 + ことがある	~한 적이 있다

설명 2

~ところ・~ばかり 모두 어떤 동작이나 사건이 끝난 직후라는 의미를 나타내는 표현이다. 'a. ご飯を食べたところです。'는 방금 막 식사를 끝냈다는 표현이다. 한편, 'b. 食べたばかりです。'는 식사를 끝낸 지 얼마 되지는 않았지만, 말하는 사람의 주관적인 판단에 따라 '직후'를 나타내는 시간이 개인마다 다르다.

품사	접속 방법	뜻
동사	た형 + ところ	막 ~했다
	た형 + ばかり	~한 지 얼마 안 됐다

연습 3 예와 같이 과거의 경험에 대해 묻고 답하세요.

예 遅刻する → Q：遅刻したことがありますか。
A：はい、あります。/ いいえ、ありません。

1) 日本へ行く → Q：__________
A：__________

2) お金を拾う → Q：__________
A：__________

3) 告白をする → Q：__________
A：__________

연습 4 다음 문장 표현의 차이를 생각해 봅시다.

'結婚したばかりです'와 '結婚したところです'는 각각 어떤 차이가 있을까요?

遅刻する 지각하다

질문 다음 문장의 의미의 차이를 생각해 봅시다.

a.　　b.　　c.

a. 髪(かみ)を切(き)るところです。

b. 髪(かみ)を切(き)っているところです。

c. 髪(かみ)を切(き)ったところです。

연습 1 다음 상황을 '~ところ・~ているところ・~たところ' 표현을 사용하여 문장으로 만드세요.

- 料理(りょうり)する

a.　　b.　　c.

1) a. ____________________

2) b. ____________________

3) c. ____________________

- 絵(え)を描(か)く

a.　　b.　　c.

1) a. ____________________

2) b. ____________________

3) c. ____________________

髪 머리, 머리카락 | 料理する 요리하다 | 絵を描く 그림을 그리다

설명

'a. 髪を切るところです。'는 머리카락을 막 자르려는 상황을, 'b. 髪を切っているところです。'는 한창 자르고 있는 상황을, 'c. 髪を切ったところです。'는 머리카락을 방금 잘랐음을 나타내는 표현이다.

a. 머리카락을 막 자르려던 참입니다.　b. 머리카락을 자르고 있는 중입니다.　c. 방금 머리카락을 잘랐습니다.

품사	접속 방법	뜻
동사	사전형 + ところ	~하려는 참
	て형 + いる + ところ	한창 ~하는 중
	た형 + ところ	막 ~했다

연습 2 ( ) 안의 단어에 '~ところ・~ているところ・~たところ'를 접속하여 문장을 완성하세요.

1) これから (勉強する ➔ 　　　　　) です。

2) まだシャワーを (浴びる ➔ 　　　　　) です。

3) これから約束があって (でかける ➔ 　　　　　) です。

4) 今、結婚式が (終わる ➔ 　　　　　) です。

5) 今は明日の発表についてチームのメンバーと (話し合う ➔ 　　　　　) です。

シャワーを浴びる 샤워를 하다 | 約束 약속 | でかける 나가다, 외출하다 | 結婚式 결혼식
明日 내일 | 発表 발표 | ~について ~에 관해서 | 話し合う 의논하다, 협의하다

질문 다음 문장의 의미의 차이를 생각해 봅시다.

a. 食(た)べやすいです。

b. 食(た)べにくいです。

c. 使(つか)いやすいです。

d. 使(つか)いにくいです。

연습 1 다음 문장을 완성하세요.

1）このペンは（書(か)く ➔ 　　　　）やすいです。

2）先生(せんせい)には（話(はな)す ➔ 　　　　）にくいです。

3）誰(だれ)でも（入(はい)る ➔ 　　　　）やすい空間(くうかん)です。

4）とても（履(は)く ➔ 　　　　）にくい靴(くつ)です。

5）日本(にほん)より韓国(かんこく)の方が免許(めんきょ)が（取(と)る ➔ 　　　　）やすいです。

使う 사용하다 ｜ 空間 공간 ｜ 履く 신다, (하의를) 입다 ｜ 靴 구두, 신발 ｜ 免許を取る 면허를 취득하다

설명

동사의 ます형에 やすい를 접속하면 '동작을 하기 쉽다, 좋다, 편하다'는 뜻이 되어 'a. 食べやすいです。'는 먹기 쉽다는 뜻으로, 'c. 使いやすいです。'는 사용하기 편하다는 의미로 해석할 수 있다.
한편, 'b. 食べにくいです。'와 'd. 使いにくいです。'에서 사용된 にくい는 やすい의 반대 표현으로 각각 먹기 어렵다, 사용하기 불편하다는 뜻으로 해석할 수 있다.

➕ **예1** 日本語は勉強しにくい (×)　　**예2** 勉強が難しい (○)

예1은 '일본어는 공부하기 어렵다', **예2**는 '공부가 어렵다'로 해석할 수도 있다. 그러나 행위에 대한 평가는 '동사의 ます형 + にくい((동사의 ます형)하기 어렵다)'를 사용하고, 내용에 대한 평가는 '難しい(어렵다)'를 사용하므로 **예1**은 용법상 잘못된 표현이다. '勉強する(공부하다)'의 행위가 어렵다는 표현은 '日本語は難しい(일본어는 어렵다)'라고 해야 한다.

연습 2 **예와 같이 '~にくい・~やすい'를 접속하여 자유롭게 문장을 만들고, 해석하세요. (주어 및 어려운 표현은 한국어로 써도 됩니다.)**

예 乾く + にくい：雨の日は洗濯物が乾きにくいです。
비 오는 날은 빨래가 마르기 어렵습니다.
乾く + やすい：晴れの日は洗濯物が乾きやすいです。
맑은 날은 빨래가 마르기 쉽습니다.

1）使う + にくい：＿＿＿＿＿＿＿＿
使う + やすい：＿＿＿＿＿＿＿＿

2）わかる + にくい：＿＿＿＿＿＿＿＿
わかる + やすい：＿＿＿＿＿＿＿＿

3）食べる + にくい：＿＿＿＿＿＿＿＿
食べる + やすい：＿＿＿＿＿＿＿＿

4）切る + にくい：＿＿＿＿＿＿＿＿
切る + やすい：＿＿＿＿＿＿＿＿

乾く 마르다 | 雨の日 비 오는 날 | 洗濯物 세탁물 | 晴れの日 맑은 날, 개인 날

질문 다음 문장의 의미의 차이를 생각해 봅시다.

a. 夜食(やしょく)を食(た)べすぎます。

b. ゲームをしすぎます。

c. 責任(せきにん)が重(おも)すぎます。

d. 料理(りょうり)が辛(から)すぎます。

연습 1 (　) 안의 단어에 'すぎる'를 접속하여 문장을 완성하세요.

1) 夕(ゆう)べは (飲(の)む ➔ 　　　　) ました。

2) すみません。私(わたし)が (言(い)う ➔ 　　　　) ました。

3) お金(かね)を (使(つか)う ➔ 　　　　) ました。

4) ご飯(はん)の量(りょう)が (多(おお)い ➔ 　　　　) ます。

5) 試験(しけん)の問題(もんだい)は (難(むずか)しい ➔ 　　　　) ます。

夜食 야식 | 責任 책임 | 重い 무겁다 | 辛い 맵다 | 夕べ 어제저녁 | 量 양 | 試験 시험

설명

동사 すぎる는 '지나다, 통과하다'라는 뜻을 가지고 있으나 문장에서 동사 또는 형용사와 접속하면 '지나치게 ~하다'는 표현이 된다. 'a. 夜食(やしょく)を食(た)べすぎます。'와 'b. ゲームをしすぎます。'는 동사와 접속한 문장으로 각각 '야식을 너무 많이 먹었다(과식했다)', '게임을 너무 많이 했다'고 해석할 수 있다. 형용사에 접속할 경우, 'c. 重(おも)すぎます。'와 'd. 料理(りょうり)が辛(から)すぎます。'의 문장과 같이 활용하며 각각 생각보다 또는 자신이 감당할 수 있는 상태가 아닐 정도로 무겁다, 맵다고 해석할 수 있다.

품사	접속 방법	뜻
동사	ます형 + すぎる	정도를 넘어 ~하다, 과도하게 ~하다
い형용사	어미 い를 지우고 すぎる	
な형용사	사전형 + すぎる	

연습 2 **다음 문장을 완성하세요.**

1）A： こちらの靴(くつ)はいかがですか。

B： 素敵(すてき)ですね、いくらですか。

A： ２万円(まんえん)でございます。

B： うーん。ちょっと（　　　　　）ますね。

2）平均点(へいきんてん)が90点(てん)ですか。問題(もんだい)が（　　　　　）ましたね。

3）ちょっとお酒(さけ)、（　　　　　）じゃないですか？ 顔(かお)が赤(あか)いですよ。

4）（ほめる ➔　　　　　）は子供(こども)の教育(きょういく)によくない場合(ばあい)もある。

素敵 멋지다 | 平均点 평균점 | お酒 술 | 顔 얼굴 | ほめる 칭찬하다 | 教育 교육 | よくない 좋지 않다 | 場合 경우

질문 다음 문장의 의미의 차이를 생각해 봅시다.

a. 雨(あめ)が降(ふ)りそうです。
雨(あめ)が降(ふ)りそうな天気(てんき)です。

b. 岩(いわ)が落(お)ちそうです。
落(お)ちそうな岩(いわ)です。

c. 寒(さむ)そうです。

d. 暇(ひま)そうです。

연습 1 ( ) 안의 단어에 '~そうです'를 접속하여 문장을 완성하세요.

1) 足(あし)がとても (痛(いた)い ➔)。

2) ロープが (切(き)れる ➔)。

天気 날씨 | 岩 바위 | 足 발 | ロープ 로프 | 切れる 끊어지다

설명

문말에 そうだ를 접속하면 そうだ 앞의 상황이 '마치 그렇게 보인다'는 뜻이 된다. 'a. 雨が降りそうです。雨が降りそうな天気です。'와 'b. 岩が落ちそうです。落ちそうな岩です。'에서는 'そうです 앞의 '雨が降る・岩が落ちる'라는 상황이 마치 벌어질 것 같다는 의미로 각각 '비가 내릴 것 같습니다. 비가 내릴 것 같은 날씨입니다' '바위가 떨어질 것 같습니다. 떨어질 것 같은 바위입니다'로 해석할 수 있다. 형용사에 접속한 'c. 寒そうです。'와 'd. 暇そうです。' 역시 마찬가지로 '추워 보입니다' '한가해 보입니다'로 해석할 수 있다.

품사	접속 방법	뜻
동사	ます형 + そうだ	
い형용사	어미 い를 지우고 そうだ 접속	~한다고 한다, ~라고 한다
な형용사	사전형 + そうだ	

➕ 명사 및 사실 또는 한눈에 직관적으로 판단할 수 있는 경우, 자신의 행동에 대한 표현에 そうだ는 사용할 수 없다. そうだ는 판단, 지식에 근거하여 추측하는 경우에 사용한다.

예 あのかばんは赤そうです。(×) この建物は学校そうです。(×)
あの人はハンサムそうです。(×)

과거표현에는 사용할 수 없다.

예 行ったそうです。(×) 暑かったそうです。(×)

1인칭 표현에도 사용할 수 없다.

예 私は行きそうです。(×)

연습 2 다음 상황이 어때 보이는지 문장으로 만들어 보세요.

1) ____________________ 2) ____________________

질문 다음 문장의 의미의 차이를 생각해 봅시다.

a. 雨が降るそうです。

b. 寒いそうです。

c. 便利だそうです。

d. 芸術家だそうです。

연습 1 다음 문장을 완성하세요.

1) 野田さんはウクレレが (上手 ➔ 　　　　　　) そうです。

2) 今年の冬はとても (寒い ➔ 　　　　　　) そうです。

3) 来週から2週間 (夏休み ➔ 　　　　　　) そうです。

4) 阿部さんと市川さんは (知り合い ➔ 　　　　　　) そうです。

便利 편리, 편리하다 ｜ 芸術家 예술가 ｜ ウクレレ 우쿨렐레 ｜ 今年 금년 ｜ 来週 다음 주 ｜ 週間 주간, 주일
夏休み 여름방학, 여름휴가 ｜ 知り合い 아는 사람

설명

문말에 そうだ를 접속하면 '~할 것 같다'는 의미로 추측하는 문장이 되기도 하지만, 품사의 접속 형태에 따라 전해 들은 표현을 나타내기도 한다. 'a. 雨が降るそうです。'와 'b. 寒いそうです。'처럼 동사와 い형용사의 사전형에 そうだ를 접속하면 そうだ 앞의 '雨が降る'와 '寒い'라는 상황을 전해 들었다는 표현이다. 각각 '비가 내린다고 합니다' '춥다고 합니다'로 해석할 수 있다. 'c. 便利だそうです。'와 'd. 芸術家だそうです。'처럼 な형용사와 명사에 'だ そうだ'를 접속하면 '편리하다고 합니다' '예술가라고 합니다'로 해석할 수 있다.

품사	접속 방법	뜻
동사	사전형 + そうだ	~한다고 한다, ~라고 한다
い형용사		
な형용사	사전형 + だ + そうだ	
명사		

+ 과거형에도 사용할 수 있다.

예 行ったそうです。　갔다고 합니다.
暑かったそうです。　더웠다고 합니다.
有名だったそうです。　유명했다고 합니다.
先生だったそうです。　선생님이었다고 합니다.

연습 2 ( ) 안에 알맞은 말을 넣어 전해 들은 정보를 알려주는 문장으로 완성하세요.

1）明日、漢字のテストが（　　　　　）ですよ。

2）A：実験はいつ始まりますか。
B：来週（　　　　　）。

3）A：近藤さんはどこに住んでいますか。
B：はい。会社の近くに（　　　　　）です。

4）A：田中さんは日本語が上手ですね。
B：はい、4年間、日本へ留学（　　　　　）です。

漢字 한자 | 実験 실험 | 始まる 시작되다 | 会社 회사 | 近く 근처 | 年間 연간 | 留学 유학

질문 다음 문장의 의미와 '~らしいです・~ようです'의 접속 방법을 생각해 봅시다.

a. もう帰(かえ)った**らしいです**。

b. ソムリエの**ようです**。

c. 便利(べんり)**らしいです**。

d. 旅行(りょこう)に行(い)く**ようです**。

연습 1 해석에 맞는 표현을 [ ] 안에서 골라 문장을 완성하세요.

1） あのレストランは、お肉料理(にくりょうり)もおいしい [らしい・よう] です。
저 레스토랑은 고기요리도 맛있다는 것 같아요.

2） 今日(きょう)から中部地方(ちゅうぶちほう)は梅雨(つゆ) [らしい・よう] です。
오늘부터 중부지방은 장마라나 봐요.

3） A： 田畑(たばた)さんは今日(きょう)もマスクをしていますね。
風邪(かぜ)を引(ひ)いた [らしい・よう] です。
타바타씨는 오늘도 마스크를 쓰고 있네요. 감기에 걸린 것 같아요.

B： あ、田畑(たばた)さんは花粉症(かふんしょう) [らしい・よう] ですよ。
아, 타바타씨는 꽃가루 알레르기라나 봐요.

帰る 돌아가다, 돌아오다 ｜ ソムリエ 소믈리에 ｜ お肉 고기 ｜ 中部地方 중부지방 ｜ 梅雨 장마
風邪を引く 감기가 들다, 감기에 걸리다 ｜ 花粉症 꽃가루 알레르기

설명

- **らしい** : 전해 들어서 알게 된 상황을 근거로 추측하는 표현에 사용된다.
- **ようだ** : 그 상황으로부터 얻어지는 판단에 가까운 추측표현에 사용된다.

'a. もう帰ったらしいです。'는 어떤 사람이 돌아갔다는 얘기를 들은 것을 전하는 표현으로 '벌써 갔나 봐요'로 해석, 'b. もう帰ったようです。'는 퇴근시간이 지난 등의 정보를 바탕으로 추측한 내용을 표현한 것으로 '벌써 간 모양입니다'로 해석한다. 이와 같은 기준에서 'c. 便利らしいです。'는 '편리한가 봐요'로 해석, 'd. 旅行に行くようです。'는 '여행을 가나 봐요(여행을 가는 모양입니다)'로 해석할 수 있다.

품사	접속 방법	뜻
동사	사전형/과거형 + らしい・ようだ	~らしい　~것 같다 ~ようだ　~한 모양이다
い형용사		
な형용사	사전형/과거형 + らしい・ようだ	
명사	사전형 + の + ようだ 과거형 + ようだ	
	사전형/과거형 + らしい	~같다 / ~답다

➕ • らしい는 소문 등 정보원이 불분명한 경우에 자주 사용되는 경향이 있다.

예 うわさによると、田中さんは来月結婚するらしいですよ。
소문에 의하면, 타나카씨는 다음달 결혼하나 봐요.

• 명사(사전형) + らしい는 '~답다'로 해석되기도 한다.

예 軍人らしい 군인답다　男らしい 남자답다　子供らしい 아이답다

• 과거표현에도 사용 가능하다

예 結婚したらしい。결혼한 모양이다　高かったらしいです。비쌌던 모양이다　暇だったらしい。한가했던 모양이다

• みたい는 회화체에서 '~인 것 같다'로 해석되기도 한다.

연습 2 다음 문장의 의미의 차이를 설명하세요.

1） あの人は日本人らしいですよ。

2） あの人は日本人のようですね。

3） あの人は日本人だそうです。

4） わあー、あの人、日本人みたい!!

질문 다음 그림을 보고 문장의 의미와 '~てもいいです・~てはいけません'의 접속 방법을 생각해 봅시다.

A：ここでタバコを吸(す)っ**てもいいです**か。
B：いいえ、ここでは吸(す)っ**てはいけません**。

日本(にほん)ではお箸(はし)からお箸(はし)へ食(た)べ物(もの)を渡(わた)し**てはいけません**。

연습 1 다음 문장을 완성하세요.

1）すみません。隣(となり)の席(せき)に（座(すわ)る ➔ 　　　　　）いいですか。

2）あ、時間(じかん)ですね。今日(きょう)はもう（帰(かえ)る ➔ 　　　　　）いいですよ。

3）すみません。ここにコートを（かける ➔ 　　　　　）いいですか。

4）授業中(じゅぎょうちゅう)に（寝(ね)る ➔ 　　　　　）いけませんよ。

5）美術館(びじゅつかん)では（写真(しゃしん)を撮(と)る ➔ 　　　　　）いけません。

タバコを吸う 담배를 피우다 | お箸 젓가락 | 食べ物 음식, 음식물 | 渡す 건네주다 | 隣 옆 | 席 좌석, 자리 | 座る 앉다
~中 ~중 | 寝る 자다 | 美術館 미술관

설명

- **て형 + も + いいです** : 동작이나 상태 등의 허용 및 승낙 표현이다. 따라서 'A : ここでタバコを吸(す)ってもいいですか。'는 '여기서 담배를 피워도 됩니까?'로 해석, 허가의 여부를 묻는 표현이 된다.

품사	접속 방법	뜻
동사	て형 + も + いいです	~도 됩니다
い형용사	어미 い를 지우고 くてもいいです 접속	
な형용사	사전형 + でもいいです	
명사		

- **て형 + は + いけません** : 규칙 및 금지를 나타내는 표현으로 설명, 명령, 주의를 줄 때 사용된다. 따라서 'B : ここでは吸(す)ってはいけません。'과 '日本(にほん)ではお箸(はし)からお箸(はし)へ食(た)べ物(もの)を渡(わた)してはいけません。'는 '여기서는 피워서는 안 됩니다' '일본에서는 젓가락에서 젓가락으로 음식을 건네서는 안 됩니다'로 해석, 담배를 피우거나 젓가락에서 젓가락으로 음식을 건네면 안 된다는 금지 사항을 설명하는 표현이 된다.

품사	접속 방법	뜻
동사	て형 + は + いけません	~서는 안 됩니다
い형용사	어미 い를 지우고 くてはいけません 접속	
な형용사	사전형 + ではいけません	
명사		

연습 2 **다음 상황에서 허가를 받기 위해 필요한 문장을 만드세요.**

1) 写真(しゃしん)を撮(と)りたいです。 ➔ ____________

2) 中(なか)に入(はい)りたいです。 ➔ ____________

3) 少(すこ)し休(やす)みたいです。 ➔ ____________

4) 飲(の)み物(もの)が水(みず)しかありません。 ➔ ____________

入る 들어가다, 들어오다 | 飲み物 음료, 음료수 | 水 물 | ~しか ~밖에

질문 다음 문장의 의미의 차이를 생각해 봅시다.

a. 薬(くすり)を飲(の)んで寝(ね)ます。

b. 手紙(てがみ)を読(よ)んでびっくりしました。

연습 1 ▭ 안의 표현을 사용하여 다음 문장을 완성하세요.

・がっかりしました	・安心(あんしん)しました	・悲(かな)しかったです	・困(こま)りました
・うれしいです	・寂(さび)しかったです	・残念(ざんねん)です	・恥(は)ずかしかったです

1）友(とも)だちの前(まえ)で告白(こくはく)されて ＿＿＿＿＿＿＿＿＿＿

2）恋人(こいびと)と別(わか)れて ＿＿＿＿＿＿＿＿＿＿

3）成績(せいせき)がB+で ＿＿＿＿＿＿＿＿＿＿

4）ストッキングが破(やぶ)れて ＿＿＿＿＿＿＿＿＿＿

薬 약 | びっくりする 깜짝 놀라다 | がっかりする 실망하다, 낙담하다 | 安心する 안심하다 | 悲しい 슬프다 | 困る 곤란하다
うれしい 기쁘다 | 寂しい 쓸쓸하다, 외롭다 | 残念 유감 | 恥ずかしい 부끄럽다, 창피하다 | 告白される 고백 받다 | 別れる 헤어지다
成績 성적 | ストッキング 스타킹 | 破れる 찢어지다

설명

• **원인을 나타내는 동사의 て형** : 동사의 て형이 사용된 문장의 앞부분은 문장 뒷부분의 원인을 나타낸다. 문장 뒷부분에는 의지를 나타내는 표현은 사용되지 않으며, 'びっくりする・うれしい' 등 주로 감정을 나타내는 표현이 사용된다.

예 彼に出会(であ)ってよかったです。 그를 만나서 좋았습니다.

• **원인을 나타내는 형용사의 て형** : 형용사의 て형이 사용된 문장의 앞부분은 문장 뒷부분의 원인으로, 문장 뒷부분에는 그로 인해 일어나는 일들을 표현한다.

예 あの車(くるま)は高(たか)くて買(か)えません。 저 차는 비싸서 못 삽니다.

• **원인을 나타내는 명사의 て형** : 명사의 て형이 사용된 문장의 앞부분에는 주로 좋지 않은 일들을 나타내는 명사표현이 사용되며, 문장 뒷부분은 그것이 원인이 되어 어떤 사태에 이르렀음을 표현한다.

예 風邪(かぜ)で休(やす)みました。 감기로 쉬었습니다.

연습 2 다음 상황이 원인이 되어 일어날 일을 상상하여 문장으로 완성하세요.

1） 車(くるま)がパンクする

➔ ______________________

2） とても寒(さむ)い

➔ ______________________

3） 行(い)きつけのお店(みせ)がなくなる

➔ ______________________

4） 雨(あめ)が降(ふ)る

➔ ______________________

車がパンクする 차가 펑크나다 | 寒い 춥다 | 行きつけのお店 단골 가게 | なくなる 없어지다

질문 1 다음 문장에서 사용된 'から'의 접속 형태와 의미를 확인하세요.

- お腹が空いた**から**何か食べに行こう。
  배가 고프니까 뭔가 먹으러 가자.
- 時間がない**から**急いでください。
  시간이 없으니까 서두르세요.
- 痛い**から**止めろ。
  아프니까 그만해.
- あの人は親切だ**から**好きです。
  저 사람은 친절하니까 좋아해요.
- 雨だ**から**人は来ないでしょう。
  비가 내리니까 사람은 오지 않겠죠.

질문 2 다음 문장에서 사용된 'ので'의 접속 형태와 의미를 확인하세요.

- この店は今人気がある**ので**、予約は難しいです。
  이 가게는 지금 인기가 있어서 예약은 힘듭니다.
- 空気が悪い**ので**、マスクをしなければなりません。
  공기가 나빠서 마스크를 해야 합니다.
- 使い方が簡単だった**ので**、このPCを買いました。
  사용법이 간단했기 때문에 이 컴퓨터를 샀습니다.

연습 1 [ ] 안에서 알맞은 표현을 골라 문장을 완성하세요.

1）時間がない [から・ので] 急げ。

2）危ない [から・ので] 触るな。

3）時間がない [から・ので] 急いでくださいませんか。

お腹が空く 배가 고프다 | 急ぐ 서두르다 | 痛い 아프다 | 止める 그만두다 | 親切 친절, 친절하다 | 店 가게 | 人気 인기
予約 예약 | 難しい 어렵다 | 空気 공기 | 悪い 나쁘다 | 使い方 사용법 | 簡単 간단하다 | 急げ 서둘러
危ない 위험하다 | 触るな 만지지 마

설명 1 **~から**

'から'는 자신의 주장이나 감정을 말할 때 사용하며, 'から' 뒤에는 의뢰, 의향, 명령, 추측표현 등이 나타난다. 주로 회화에서 사용된다.

품사	접속 방법	뜻			
동사	사전형 + から	する	→	するから	하니까
い형용사		忙(いそが)しい	→	忙(いそが)しいから	바쁘니까
な형용사	사전형 + から	有名(ゆうめい)	→	有名(ゆうめい)だから	유명하니까
명사		学生(がくせい)	→	学生(がくせい)だから	학생이니까

➕ 정중하게 표현하고자 할 때는 'ですから'를 사용한다.

설명 2 **~ので**

'ので'는 명확한 근거를 나타내는 문장에 쓰이므로, 주로 객관적인 설명을 할 때 사용된다.

품사	접속 방법	뜻			
동사	사전형 + ので	する	→	するので	하므로
い형용사		忙(いそが)しい	→	忙(いそが)しいので	바쁘므로
な형용사	사전형 + な + ので	有名(ゆうめい)	→	有名(ゆうめい)なので	유명하므로
명사		学生(がくせい)	→	学生(がくせい)なので	학생이므로

➕ 정중하게 표현하고자 할 때는 'ですので'를 사용한다.

연습 2 **다음 질문에 대한 각 답변의 의미 차이를 설명하세요.**

Q：どうして遅(おく)れたんですか。

A1：事故(じこ)があって遅(おく)れました。

A2：事故(じこ)があったから遅(おく)れました。

A3：事故(じこ)があったので遅(おく)れました。

질문 다음 문장의 의미의 차이를 생각해 봅시다.

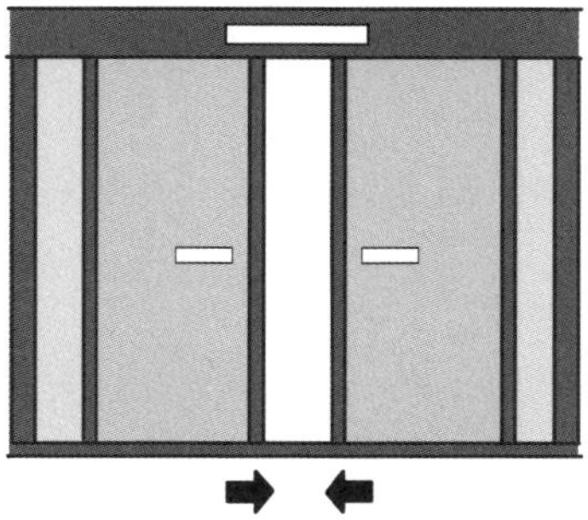

a. ドアが閉(し)まります。

b. ドアを閉(し)めます。

연습 1 다음 표를 완성하고 자동사와 타동사의 특징에 대해 생각해 보세요.

자동사	해석	타동사	해석
上(あ)がる	오르다	上(あ)げる	올리다
切(き)れる	끊어지다, 잘리다	切(き)る	끊다, 자르다
入(はい)る		入(い)れる	넣다
消(き)える	꺼지다	消(け)す	
閉(し)まる		閉(し)める	닫다
落(お)ちる	떨어지다	落(お)とす	
倒(たお)れる		倒(たお)す	쓰러뜨리다
下(さ)がる		下(さ)げる	
出(で)る		出(だ)す	꺼내다
聞(き)こえる		聞(き)く	
かかる	걸리다	かける	
起(お)きる		起(お)こす	
建(た)つ		建(た)てる	
割(わ)れる		割(わ)る	

설명

'a. ドアが閉まります。'는 '문이 (자연히) 닫힙니다'로, 'b. ドアを閉めます。'는 '(누군가가) 문을 닫습니다'로 해석할 수 있다. a와 같이 저절로 되어가는 경우를 나타내는 동사를 자동사라고 하며, b와 같이 주체의 의지로 하는 행위를 나타내는 동사를 타동사라고 한다.

➕ 타동사의 경우에는 목적격 조사 'を'를 사용한다.

a. 子どもが起きます。

b. 子どもを起こします。

c. 音楽が聞こえます。

d. 音楽を聞きます。

연습 2 (　) 안에 알맞은 조사를 넣어 문장을 완성하세요.

1）黒板 (　　　　) 消してください。

2）食事する前に手 (　　　　) 洗ってください。

3）洗濯物 (　　　　) よく乾きます。

4）シートベルト (　　　　) 閉めてください。

5）研修のスケジュール (　　　　) 決まりました。

黒板 칠판 | 食事 식사 | 洗う 씻다 | 研修 연수

질문 다음 표현은 무엇을 기준으로 구분되는지 생각해 봅시다.

a. 流れていきます。

b. 流れてきます。

현재 미래

c. 増えていきます。

과거 현재

d. 増えてきました。

연습 1 ( ) 안의 단어에 '~ていく' 또는 '~てくる'를 접속하여 문장을 완성하세요.

1) 病気でだんだん (やせる ➔   ) ました。

2) 世界平和のため長い間 (努力する ➔   ) ました。

3) 世界人口はこれからも (増える ➔   ) でしょう。

4) 地球温暖化によって気温がもっと (高くなる ➔   ) でしょう。

5) UFOが東に (飛ぶ ➔   ) ました。

流れる 흐르다 | 増える 증가하다 | 病気 병 | だんだん 점점, 차츰차츰 | やせる 여위다, 마르다 | 世界平和 세계평화
長い間 오랫동안 | 努力する 노력하다 | 人口 인구 | 地球温暖化 지구 온난화 | 気温 기온 | 高くなる 높아지다
東 동쪽 | 飛ぶ 날다

설명

'a. 流れていきます。'와 'b. 流れてきます。'는 각각 '흘러 갑니다'와 '흘러 옵니다'로 해석, 'c. 増えていきます。'와 'd. 増えてきます。'는 각각 '늘어 갑니다'와 '늘어 옵니다'로 해석한다. 이와 같이 위치 및 질량의 변화를 나타내는 동사에 いく를 접속하면 '지금부터 앞으로의 변화'를, くる를 접속하면 '과거에서 현재까지의 변화'를 나타내는 의미가 된다.

품사	접속 방법	뜻
동사	て형 + いく・くる	~어 가다・오다

+
- 'て형 + いく・くる'는 시간의 변화를 나타내기도 한다. 이 경우 'いく・くる'는 한자가 아닌 가나로 표기한다.
- '食べて行きます。'와 같이 행동의 순서를 표현할 때는 'て형 + 行く・来る'의 형태로 사용한다.

연습 2 **다음 문장의 차이를 설명하세요.**

1) a. 桃が流れてきました。

   b. 桃が流れていきます。

2) a. このごろ暑くなってきました。

   b. ますます暑くなっていきます。

3) a. ありが集まってきました。

   b. 集まっていきます。

4) a. 日本語を勉強してきました。

   b. 日本語を勉強して来ました。

桃 복숭아 | このごろ 요즘 | ますます 점점 더, 더욱더 | あり 개미 | 集まる 모이다

질문 다음 문장의 차이를 생각해 봅시다.

a. 窓(まど)が開(あ)けてあります。

窓(まど)が開(あ)いてあります。(×)

b. 窓(まど)を開(あ)けておきました。

窓(まど)を開(あ)いておきます。(×)

연습 1 (　) 안에 해석에 맞는 표현을 넣어 문장을 완성하세요.

1）みんなに注意事項(ちゅういじこう)を伝(つた)えて（　　　　　　　）。

모두에게 주의사항을 전달해 두었습니다.

2）食卓(しょくたく)の上にメモが書(か)いて（　　　　　　　）。

식탁 위에 메모가 써 있습니다.

3）海外旅行(かいがいりょこう)のために、100万円(まんえん)を貯(た)めて（　　　　　　　）。

해외여행을 위해 100만 엔을 저축해 두었습니다.

4）部屋(へや)に花(はな)が飾(かざ)って（　　　　　　　）。

방에 꽃이 장식되어 있습니다.

窓 창, 창문 | 開ける 열다 | 注意事項 주의사항 | 伝える 전달하다 | 食卓 식탁 | 海外旅行 해외여행
貯める 저축하다 | 飾る 장식하다

설명

'a. 窓(まど)が開(あ)けてあります。'는 누군가가 창문을 열어서 열린 상태를 표현한 문장으로 '창문이 열려 있습니다'로 해석, 'b. 窓(まど)を開(あ)けておきました。'는 열어 둔 상태를 표현한 문장으로 '창문을 열어 두었습니다'로 해석한다.

'~てある'와 '~ておく'는 모두 타동사에 접속된다. 그러므로 '窓(まど)が開(あ)いてあります。'와 '窓(まど)を開(あ)いておきます。'는 문법적으로 성립될 수 없다.

연습 2 예와 같이 파티를 주최한 호스트와 초대받은 게스트의 입장에서 다음 문장을 완성하세요.

호스트의 입장		게스트의 입장
예 バンドを呼(よ)んでおきました。	➔	バンドが呼(よ)んであります。
1）ケーキを作(つく)っておきました。	➔	____________
2）ビールを冷(ひ)やしておきました。	➔	____________
3）プレゼントを用意(ようい)しておきました。	➔	____________
4）席(せき)を決(き)めておきました。	➔	____________
5）花(はな)を飾(かざ)っておきました。	➔	____________

バンド 밴드 | 呼ぶ 부르다 | 冷やす 차게 식히다 | 用意する 준비하다 | 決める 정하다, 결정하다

질문 1 다음 문장의 의미와 동사의 형태를 바꾸는 방법을 생각해 봅시다.

- 私(わたし)は行(い)きません。
  나는 가지 않습니다(안 가겠습니다).
- 私(わたし)は行(い)かない。
  나는 가지 않는다(안 갈래).

질문 2 동사의 부정형은 어떻게 만들까요? 표를 보고 확인해 보세요.

사전형(뜻)	부정형
会(あ)う 만나다	あわない
飲(の)む 마시다	のまない
帰(かえ)る 돌아가(오)다	かえらない
見(み)る 보다	みない
食(た)べる 먹다	たべない
する 하다	しない
来(く)る 오다	こない

연습 1 다음 표를 완성하세요.

사전형(뜻)	부정형
書(か)く 쓰다	
立(た)つ 서다	
死(し)ぬ 죽다	
取(と)る 집다	
入(はい)る 들어가(오)다	
いる 있다	

설명 1

동사에 부정의 뜻을 가진 ない가 접속되면 그 동작을 하지 않거나 그 작용이 일어나지 않음을 나타낸다.
동사의 부정형(ない형)은 반말로도 쓰이며 형용사의 성격을 가지게 되어 뒤에 명사를 접속할 수 있다.

설명 2

품사		접속 방법	예
동사	1그룹	어미를 あ단으로 바꾸고 ない 접속	死(し)ぬ → 死(し)なない 죽지 않다 切(き)る → 切(き)らない 자르지 않다 買(か)う → 買(か)わない 사지 않다 예외
	2그룹	어미 る를 지우고 ない 접속	食(た)べる → 食(た)べない 먹지 않다
	3그룹	불규칙 활용	する → しない 하지 않다 来(く)る → 来(こ)ない 오지 않다

연습 2 **다음 문장을 완성하세요.**

1) このドアはなかなか (開(あ)く ➔ 　　　　) ない。

2) 佐藤(さとう)さんは冬(ふゆ)でもコートを (着(き)る ➔ 　　　　) ない。

3) 彼(かれ)は引(ひ)きこもりで誰(だれ)にも (会(あ)う ➔ 　　　　) ない。

4) この話(はな)しは誰(だれ)にも (話(はな)す ➔ 　　　　) ない。

5) エアコンをつけた。
しかし、まだ室内(しつない)の温度(おんど)が (下(さ)がる ➔ 　　　　) ない。

なかなか 좀처럼 | 引きこもり 은둔형 외톨이 | エアコンをつける 에어컨을 켜다 | 室内 실내
温度 온도 | 下がる 내려가다

질문 1 다음 문장의 의미와 형용사 및 명사의 형태를 바꾸는 방법을 생각해 봅시다.

- この料理(りょうり)は辛(から)くありません。
  이 음식은 맵지 않습니다.
- この料理(りょうり)は辛(から)くない。
  이 음식은 맵지 않다(않아).
- この問題(もんだい)は簡単(かんたん)じゃありません。
  이 문제는 간단하지 않습니다.
- この問題(もんだい)は簡単(かんたん)じゃない。
  이 문제는 간단하지 않다(않아).
- 約束(やくそく)は今日(きょう)じゃありません。
  약속은 오늘이 아닙니다.
- 約束(やくそく)は今日(きょう)じゃない。
  약속은 오늘이 아니다(아니야).

질문 2 형용사와 명사의 부정형은 어떻게 만들까요? 표를 보고 확인해 보세요.

い형용사		な형용사		명사	
사전형	부정형	사전형	부정형	사전형	부정형
いい	よくない	暇(ひま)	暇(ひま)じゃない	学生(がくせい)	学生(がくせい)じゃない
大(おお)きい	大(おお)きくない	上手(じょうず)	上手(じょうず)じゃない	ペン	ペンじゃない
楽(たの)しい	楽(たの)しくない	好(す)き	好(す)きじゃない	赤(あか)	赤(あか)じゃない

연습 1 다음 표를 완성하세요.

い형용사		な형용사		명사	
사전형	부정형	사전형	부정형	사전형	부정형
おいしい		有名(ゆうめい)		スマホ	
かわいい		親切(しんせつ)		車(くるま)	
長(なが)い		きれい		時計(とけい)	
薄(うす)い		楽(らく)		先生(せんせい)	

楽 안락하다, 쉽다 | 薄い 얇다

설명 1

형용사와 명사에 부정의 뜻을 나타내는 'ない'가 접속되면 그렇지 않다는 의미를 갖게 된다.

설명 2

품사	접속 방법	예
い형용사	어미 い를 지우고 くない 접속	嬉(うれ)しい → 嬉(うれ)しくない 기쁘지 않다 いい → よくない 좋지 않다 예외
な형용사	사전형 + じゃない	下手(へた) → 下手(へた)じゃない 못하지 않다
명사		私(わたし) → 私(わたし)じゃない 내가 아니다

형용사와 명사의 부정형(ない형)은 반말이므로 문서 및 정중한 표현에서는 '~ではありません'을 사용해야 한다.

연습 2 다음 문장을 완성하세요.

1) 実(じつ)はあの人(ひと)、(韓国(かんこく)の人(ひと) ➔ 　　　　　　)ないんだ。

2) 北海道(ほっかいどう)の夏(なつ)はそんなに (暑(あつ)い ➔ 　　　　　　)ない。

3) 人(ひと)の陰口(かげぐち)を言(い)うのは (いい ➔ 　　　　　　)ない。

4) 隆(たかし)くんは (まじめ ➔ 　　　　　　)ない。
ときどき授業(じゅぎょう)をさぼっている。

5) 僕(ぼく)は刺身(さしみ)があまり (好(す)き ➔ 　　　　　　)ないです。

実は 실은, 사실은 | 北海道 북해도 | 夏 여름 | 陰口 험담 | ときどき 가끔, 때때로
さぼる 태만히 하다, 빼먹다 | 刺身 회

질문 **'~なければなりません'이 사용된 문장의 의미와 접속방법을 생각해 봅시다.**

- 学生は勉強し**なければなりません。**
  학생은 공부해야 합니다.
- パイロットは目がよく**なければなりません。**
  파일럿은 눈이 좋아야 합니다.
- 親切じゃ**なければなりません。**
  친절해야 합니다.
- あなたじゃ**なければなりません。**
  당신이 아니면 안 됩니다.

연습 1 **다음 문장을 완성하세요.**

1）モデルは背が（高い → 　　　）なければなりません。

2）運転手さんは運転が（上手 → 　　　）なければなりません。

3）グループ活動は、みんな（協力する → 　　　）なければならない。

4）消防士は（勇敢 → 　　　）なければなりません。

5）相撲の力士は（男性 → 　　　）なければなりません。

背が高い 키가 크다 | 運転手 운전기사 | 運転 운전 | グループ 그룹 | 活動 활동 | みんな 모두 | 協力する 협력하다
消防士 소방관 | 勇敢 용감하다 | 相撲 일본 씨름 | 力士 씨름 선수

설명

동사, 형용사, 명사에 '~なければなりません'이 접속되면 자격이나 조건, 행위 등이 의무적이거나 반드시 필요하다는 뜻을 갖게 된다.

품사	접속 방법	뜻
동사	부정형(ない형)에서 어미 い를 지우고 ければなりません 접속	~해야 합니다 (~지 않으면 안 됩니다)
い형용사		
な형용사	사전형 + じゃなければなりません	
명사		

➕ 회화체에서는 '~なければいけません'이라는 표현도 사용한다.

연습 2 다음 직업이 갖춰야 하는 항목이나 반드시 해야 하는 일을 상상하여 문장으로 완성하세요.

1) 政治家(せいじか) ➔ ____________________

2) 歌手(かしゅ) ➔ ____________________

3) 医者(いしゃ) ➔ ____________________

4) アナウンサー ➔ ____________________

5) 教師(きょうし) ➔ ____________________

6) 泥棒(どろぼう) ➔ ____________________

政治家 정치가 | 歌手 가수 | 医者 의사 | 教師 교사 | 泥棒 도둑

질문 다음 문장의 의미와 '~ように'의 접속 방법을 생각해 봅시다.

a. 薬(くすり)を飲(の)む**ように**してください。

b. 甘(あま)いものを食(た)べない**ように**してください。

연습 1 다음 문장을 완성하세요.

1） 朝食(ちょうしょく)は必(かなら)ず（食(た)べる ➔ 　　　　）ようにしています。

2） この単語(たんご)を（忘(わす)れる ➔ 　　　　）ないようにしてください。

3） 約束(やくそく)に（遅(おく)れる ➔ 　　　　）ないように早(はや)めに出発(しゅっぱつ)しましょう。

4） 忘(わす)れ物(もの)を（する ➔ 　　　　）ないように気(き)をつけてください。

5） 迷惑(めいわく)を（かける ➔ 　　　　）ないようにしてください。

薬を飲む 약을 먹다 | 朝食 조식 | 必ず 반드시 | 単語 단어 | 忘れる 잊다 | 早め 일찌감치 | 出発 출발 | 忘れ物 물건을 깜빡 잊음
気をつける 정신을 차리다, 조심하다 | 迷惑をかける 폐를 끼치다

설명

- **동사 사전형 + ように** : 동작을 '하도록'이라는 뜻을 가지므로, 'a. 薬を飲むようにしてください。'는 '약을 먹도록 하세요'로 해석, '薬を飲む(약을 먹다)'라는 동작을 하도록 권하는 표현이 된다.
- **동사 부정형(ない형) + ように** : 동작을 '~하지 않도록'이라는 뜻을 가지므로 'b. 甘いものを食べないようにしてください。'는 '단 것을 먹지 않도록 하세요'로 해석, '食べる(먹다)'라는 동작을 하지 않도록 주의해 달라는 표현이 된다.

품사	접속 방법	뜻
동사	사전형 + ように	~하도록
	ない형 + ように	~하지 않도록

➕ 일본어로 조언을 할 경우는 주로 '~ように (동사)ましょう'의 표현을 사용, '~하도록 (동사)해 주세요'로 해석한다.

예 遅刻しないように注意しましょう。 지각하지 않도록 주의합시다.

연습 2 **다음과 같은 상황의 사람에게 일본어로 조언을 해 보세요.**

1) 아침에 잘 못 일어나는 사람에게…

➔ ______________________________

2) 인스타그램의 팔로워를 늘리고 싶어하는 사람에게…

➔ ______________________________

질문 다음 문장의 의미와 '~ないで ~なくて'의 접속 방법의 차이를 생각해 봅시다.

a. ご飯(はん)を食(た)べ**ないで**、学校(がっこう)へ行(い)きます。

b. えさを食(た)べ**なくて**、困(こま)っています。

연습 1 (　)안의 단어를 문형에 맞게 고친 후, '~ないで' 또는 '~なくて'를 접속하여 문장을 완성하세요.

1）タクシーに（乗(の)る ➔　　　　）[ないで・なくて]、バスに乗(の)りました。

2）本(ほん)を（読(よ)む ➔　　　　）[ないで・なくて] ゲームばかりしていて心配(しんぱい)です。

3）雨(あめ)が（降(ふ)る ➔　　　　）[ないで・なくて]、困(こま)りました。

4）犬(いぬ)がえさを（食(た)べる ➔　　　　）[ないで・なくて] 心配(しんぱい)です。

설명

'a. ご飯を食べ**ないで**、学校へ行きます。'는 '밥을 먹지 않고 학교에 갑니다'로 해석, 문장 안의 '食べないで'는 '食べる(먹다)라는 동작을 하지 않고'라는 뜻이다.
'b. えさを食べ**なくて**、困っています。'는 '사료를 먹지 않아서 곤란합니다'로 해석, 문장 안의 '食べなくて'는 '食べる(먹다)라는 동작을 하지 않아서'라는 뜻으로, '困っています'의 이유나 원인이 된다.

품사	접속 방법	뜻
동사	ない형 + で	~하지 않고
	ない형의 어미 い를 지우고 くて 접속	~하지 않아서

➕ '동사 + なくて'는 해당 동작을 하지 않아서 '困る(곤란하다)' 또는 '心配だ(걱정이다)' 등 감정 및 상태를 나타내는 표현과 함께 사용되는 경우가 많다.

연습 2 다음 문장을 자유롭게 완성하세요.

1) お箸で食べないで ____________________

2) バイトが見つからなくて ____________________

3) 弟は学校へ行かないで ____________________

4) お金が足りなくて ____________________

5) カトクで話さないで ____________________

弟 남동생 | 足りない 모자라다, 부족하다

질문 1 그림을 보고 문장의 의미를 생각해 봅시다.

a. お酒(さけ)を飲(の)まないでください。

b. 廊下(ろうか)で走(はし)らないでください。

연습 1 다음 문장을 완성하세요.

1）電車(でんしゃ)で駆(か)け込(こ)み乗車(じょうしゃ)を（する ➔ 　　　　　）ないでください。

2）黄色(きいろ)い線(せん)の中(なか)に（入(はい)る ➔ 　　　　　）ないでください。

질문 2 그림을 보고 문장의 의미를 생각해 봅시다.

c. ケーキじゃなくてもいいですか。

d. 広(ひろ)くなくてもいいですか。

연습 2 다음 문장을 완성하세요.

1）英語(えいご)は（上手(じょうず) ➔ 　　　　　）なくてもいいです。

2）司会者(しかいしゃ)は（プロ ➔ 　　　　　）なくてもいいです。

廊下 복도 | 電車 지하철 | 駆け込み乗車 뛰어들며 승차하기 | 黄色い 노란색 | 線 선 | 広い 넓다 | 英語 영어
司会者 사회자 | プロ 프로

설명 1

• ~ないでください

'a. お酒を飲まないでください。'는 '술을 마시지 마세요', 'b. 廊下で走らないでください。'는 '복도에서 뛰지 마세요'로 해석, '飲む(마시다)'와 '走る(뛰다)'라는 동작을 하지 말라는 요청에 가까운 금지표현이다.

품사	접속 방법	뜻
동사	부정형 + でください	~하지 마세요

설명 2

• ~なくてもいいです

'c. ケーキじゃなくてもいいです。'는 '케이크가 아니어도 됩니다', 'd. 広くなくてもいいです。'는 '넓지 않아도 됩니다'로 해석, 각각 명사 'ケーキ'가 아니거나 형용사 '広い(넓다)'의 상태가 아니어도 무방하다, 괜찮다라는 표현이다.

<table>
<tr><th>품사</th><th>접속 방법</th><th>뜻</th></tr>
<tr><td>동사</td><td rowspan="2">부정형의 어미 い를 지우고
くてもいいです 접속</td><td rowspan="4">~하지 않아도 됩니다</td></tr>
<tr><td>い형용사</td></tr>
<tr><td>な형용사</td><td rowspan="2">사전형 + じゃなくてもいいです</td></tr>
<tr><td>명사</td></tr>
</table>

연습 3 다음 장소 및 상황에서 하면 안 되는 것은 무엇일까요? '~ないでください' 표현을 사용하여 문장으로 만드세요.

1) 病院では

➔ ____________________

➔ ____________________

2) デートするときは

➔ ____________________

➔ ____________________

질문 1 다음 표를 보고 동사의 가능형을 만드는 방법을 확인하세요.

사전형(뜻)	가능형
使(つか)う　사용하다	つかえる
話(はな)す　이야기하다	はなせる
見(み)る　보다	みられる
する　하다	できる
来(く)る　오다	こられる

연습 1 다음 표를 완성하세요.

사전형(뜻)	가능형
泳(およ)ぐ　헤엄치다	
書(か)く　쓰다	
直(なお)す　고치다	
入(はい)る　들어가(오)다	
食(た)べる　먹다	

질문 2 다음 문장의 의미와 동사의 형태를 바꾸는 방법을 생각해 봅시다.

a. 私(わたし)は日本語(にほんご)を話(はな)します。
나는 일본어를 말합니다.

b. 私(わたし)は日本語(にほんご)が話(はな)せます。
나는 일본어를 말할 수 있습니다.

연습 2 (　) 안에 알맞은 조사를 넣어 가능형의 문장으로 완성하세요.

彼(かれ)は辛(から)いものを食(た)べます。

➔ 彼(かれ)(　　　)辛(から)いもの(　　　)食(た)べられます。

설명1

품사		접속 방법	예
동사	1그룹	어미를 え단으로 바꾸고 る 접속	買う → 買える 살 수 있다 呼ぶ → 呼べる 부를 수 있다 切る → 切れる 자를 수 있다
	2그룹	어미 る 지우고 られる 접속	食べる→ 食べられる 먹을 수 있다
	3그룹	불규칙 활용	する → できる 할 수 있다 来る → 来られる 올 수 있다

➕ 가능형으로 바뀐 동사는 2그룹으로 활용된다.

설명2

'a. 私は日本語を話します。'는 '나는 일본어를 말합니다'로 해석, 일본어를 말한다는 것을 나타내는 표현이지만, 'b. 私は日本語が話せます。'는 '나는 일본어를 말할 수 있습니다'로 해석, 일본어 구사가 가능함을 나타낸다. '話せます'는 '話します'의 가능표현이다. 문장에서 가능표현이 사용될 경우, 일반적으로 목적격 조사 'を' 대신 'が'를 사용한다.

➕
- 동사 중에는 '見える(보이다)' '聞こえる(들리다)' 등 가능의 의미를 가진 동사도 있다.
- '乗る(타다)' '会う(만나다)' 등의 동사에는 조사 'に'를 사용한다.

  예 友だちに会います。 친구를 만납니다.

  → 友だちに会えます。 친구를 만날 수 있습니다.
- 동사의 사전형에 ことができる를 접속하여 가능표현을 만들기도 한다.

  예 日本語を話すことができます。 일본어를 말할 수 있습니다.

연습3 해리포터가 할 수 있는 것을 가능형을 사용한 문장으로 만들어 보세요.

1) ______________________

2) ______________________

3) ______________________

4) ______________________

질문 1 다음 그림 a와 그림 b, c를 보고 일본어의 사역형 문장의 의미를 생각해 보세요.

a. 男(おとこ)の人(ひと)がチョコレートを食(た)べます。

b. c. 女(おんな)の人(ひと)が男(おとこ)の人(ひと)にチョコレートを食(た)べさせます。

질문 2 다음 표를 보고 동사의 사역형을 만드는 방법을 확인하세요.

사전형(뜻)	사역형	사전형(뜻)	사역형
会(あ)う 만나다	あわせる	描(か)く 그리다	かかせる
撮(と)る 찍다	とらせる	見(み)る 보다	みさせる
する 하다	させる	来(く)る 오다	こさせる

연습 1 다음 표를 완성하세요.

사전형(뜻)	사역형	사전형(뜻)	사역형
書(か)く 쓰다		急(いそ)ぐ 서두르다	
話(はな)す 이야기하다		食(た)べる 먹다	

설명 1

'a. 男(おとこ)の人(ひと)がチョコレートを食(た)べます。'는 남자가 '스스로' 초콜릿을 먹는 것을 의미하지만, b.와 c.의 '女(おんな)の人(ひと)が男(おとこ)の人(ひと)にチョコレートを食(た)べさせます。'는 초콜릿을 먹는 것은 남자이지만, '여자가 시켜서 먹고 있는 것'을 나타낸다. 이와 같이 자신의 의사가 아닌, 타인이 시켜서 하는 동작을 사역이라고 하며, 문장 구조는 '**동작주 + に + 동사 사역형**'을 사용한다.

설명 2

품사		접속 방법	예
동사	1그룹	어미를 あ단으로 바꾸고 せる 접속	書(か)く → 書(か)かせる 쓰게 하다 呼(よ)ぶ → 呼(よ)ばせる 부르게 하다 買(か)う → 買(か)わせる 사게 하다 예외
	2그룹	어미 る를 지우고 させる 접속	食(た)べる → 食(た)べさせる 먹게 하다
	3그룹	불규칙 활용	する → させる 하게 하다 来(く)る → 来(こ)させる 오게 하다

➕ 타동사의 사역형에는 모두 조사 'に'를 사용한다. 자동사의 사역형은 'びっくりする(놀라다)' '泣(な)く(울다)' '笑(わら)う(웃다)'와 같이 감정을 나타내는 동사나 '雨(あめ)が降(ふ)る(비가 내리다)'와 같이 자연현상을 나타내는 동사가 해당되며, 이때 조사는 'を'를 사용한다.

예 雨(あめ)が降(ふ)る 비가 내리다.
→ 雨(あめ)を降(ふ)らせる 비를 내리게 하다.

연습 2 예와 같이 문장을 완성하세요.

시킨 사람 동작주

예 先生(せんせい)(は) 学生(がくせい)(に) 本(ほん)を読(よ)みました ➔ 読(よ)ませました。

1) 先輩(せんぱい)( ) 後輩(こうはい)( ) 宿題(しゅくだい)をします ➔ ______

2) お母(かあ)さん( ) 私(わたし)( ) コンビニへ行(い)きました ➔ ______

3) 犬(いぬ)( ) 田中(たなか)さん( ) いつも笑(わら)います ➔ ______

先輩 선배 | 後輩 후배 | 宿題 숙제 | 笑う 웃다

질문 1 다음 문장의 의미와 동사의 형태를 바꾸는 방법을 생각해 봅시다.

- 部屋の中に早く入ろう。
  방 안에 빨리 들어가자.
- 友だちに会おうと思います。
  친구를 만나려고요.

질문 2 동사의 의향・청유형을 만드는 방법을 참조하여 다음 표를 완성하세요.

사전형(뜻)	의향・청유형	사전형(뜻)	의향・청유형
飲む　마시다	のもう	買う　사다	
食べる　먹다	たべよう	行く　가다	
する　하다	しよう	撮る　찍다	
来る　오다	こよう	見る　보다	

연습 1 ( ) 안의 단어를 의향・청유형으로 바꾸고 문장을 한국어로 해석하세요.

1) あしたは早く（来る ➔ 　　　　）と思います。
   해석 : ____________________

2) ヨーロッパ旅行に（行く ➔ 　　　　）と思います。
   해석 : ____________________

3) 友だちに（頼む ➔ 　　　　）と思います。
   해석 : ____________________

4) 全然タバコを（やめる ➔ 　　　　）と思いません。
   해석 : ____________________

5) 自転車で世界一周を（する ➔ 　　　　）と思っています。
   해석 : ____________________

早く 일찍 | 思う 생각하다 | ヨーロッパ 유럽 | 頼む 부탁하다 | 全然 전혀 | 自転車 자전거 | 一周 일주

설명 1

'部屋の中に早く入ろう。'는 방으로 들어가자는 청유, '友だちに会おうと思います。'는 친구를 만나겠다는 의향을 나타낸다.

설명 2

품사		접속 방법	예
동사	1그룹	어미를 お단으로 바꾸고 う 접속	買う → 買おう 사자 書く → 書こう 쓰자 呼ぶ → 呼ぼう 부르자
	2그룹	어미 る를 지우고 よう 접속	食べる → 食べよう 먹자
	3그룹	불규칙 활용	する → しよう 하자 来る → 来よう 오자

+ 동사 의향·청유형 + と思う : 화자가 어떤 행동을 할 의지가 있음을 상대방에게 전달하는 경우에 사용하며, '~하려고 한다'로 해석한다.

예 A: 夏休みに何をしますか。 여름 방학에 무엇을 할 거예요?
B: ヨーロッパへ行こうと思っています。 유럽에 가려고요.

연습 2 **여름방학과 겨울방학에 각각 무엇을 할 것인지 의향·청유형 표현을 사용하여 계획을 적어 봅시다.**

여름방학에는 …

겨울방학에는 …

Chapter 30

질문 1 **동사의 명령형을 만드는 방법을 생각해 봅시다.**

사전형(뜻)	명령형
会(あ)う 만나다	あえ
飲(の)む 마시다	のめ
帰(かえ)る 돌아가(오)다	かえれ
見(み)る 보다	みろ
食(た)べる 먹다	たべろ
する 하다	しろ
来(く)る 오다	こい

질문 2 **동사의 금지형을 만드는 방법을 생각해 봅시다.**

사전형(뜻)	금지형
会(あ)う 만나다	あうな
飲(の)む 마시다	のむな
帰(かえ)る 돌아가(오)다	かえるな
見(み)る 보다	みるな
食(た)べる 먹다	たべるな
する 하다	するな
来(く)る 오다	くるな

설명 1 동사 명령형

친한 친구나 자신보다 어린 대상에게 긴급하게 움직일 것을 명령할 때 사용하는 표현이다.

품사		접속 방법	예
동사	1그룹	어미를 え단으로 바꾼다	買(か)う → 買(か)え 사 書(か)く → 書(か)け 써 呼(よ)ぶ → 呼(よ)べ 불러
	2그룹	어미를 ろ로 바꾼다	見(み)る → 見(み)ろ 봐
	3그룹	불규칙 활용	する → しろ 해 来(く)る → 来(こ)い 와

설명 2 동사 금지형

상대방의 특정 행동을 제지하는 표현이다.

품사	접속 방법
동사	사전형에 な를 접속

연습 그림의 상황을 명령형 또는 금지형 표현을 사용하여 문장으로 완성하세요.

1) ______________________

2) ______________________

3) ______________________

4) ______________________

Chapter 31

질문 1 다음 문장의 의미의 차이를 생각해 봅시다.

a. 日記(にっき)を見(み)ました。

b. 日記(にっき)を見(み)られました。

질문 2 동사의 수동형을 만드는 방법을 생각해 봅시다.

사전형(뜻)	수동형	사전형(뜻)	수동형
会(あ)う	あわれる	飲(の)む	のまれる
取(と)る	とられる	帰(かえ)る	かえられる
見(み)る	みられる	食(た)べる	たべられる
する	される	来(く)る	こられる

연습 1 다음 표를 완성하세요.

사전형(뜻)	수동형	사전형(뜻)	수동형
読(よ)む		買(か)う	
話(はな)す		入(はい)る	
聞(き)く		閉(し)める	

설명 1

수동형은 주어가 행위를 하는 것이 아닌, 다른 사람의 행위가 주어에게 어떠한 영향을 주는 것을 나타내는 표현이다. 'a. 日記(にっき)を見(み)ました。'는 '일기를 봤습니다'로 해석, 주어가 일기를 본 것을 의미하지만, 'b. 日記(にっき)を見(み)られました。'는 누군가가 주어의 일기를 보았고, 그 행위가 주어에게 심리적 영향을 준 것을 나타내는 표현으로, '(누군가에게) 일기를 읽혔습니다'로 해석한다.

설명 2

품사		접속 방법	예
동사	1그룹	어미를 あ단으로 바꾸고 れる 접속	呼(よ)ぶ → 呼(よ)ばれる
	2그룹	어미 る를 떼고 られる 접속	食(た)べる → 食(た)べられる
	3그룹	불규칙 활용	する → される 来(く)る → 来(こ)られる

➕
- 행위의 주체에게는 조사 'に'를 사용한다. [(주어は) **행위의 주체に '수동형'。**]
- '送(おく)る(보내다)', '渡(わた)す(건네다)' 등 보낸 사람과 받는 사람이 명확한 경우는 조사 'に'대신 'から'를 사용하기도 한다.
- 'ほめる(칭찬하다)' '愛(あい)する(사랑하다)' '嫌(きら)う(싫어하다)' '尊敬(そんけい)する(존경하다)' 등 감정을 표출하는 동사는 조사 'に' 또는 'から'를 사용할 수 있다.
- 의도하지 않은 결과에 대해서는 '**수동태의 て형 + しまう**'를 사용한다.

예 私(わたし)は妹(いもうと)にケーキを食(た)べられてしまいました。

여동생이 케이크를 먹어버렸다.

연습 2 **다음 상황을 수동형 표현을 사용하여 문장으로 만드세요.**

1) ______________________

2) ______________________

汚す 더럽히다

질문 **다음 문장의 형태와 의미의 차이를 생각해 봅시다.**

- エアコンはキャリアによって発明(はつめい)された。
  에어컨은 캐리어에 의해 발명되었다.
- アメリカ大陸(たいりく)はコロンバスによって発見(はっけん)された。
  미대륙은 콜럼버스에 의해 발견되었다.
- みにくいアヒルの子(こ)はアンデルセンによって書(か)かれた。
  미운 오리새끼는 안데르센에 의해 쓰였다.
- キムチは白菜(はくさい)で作(つく)られた。
  김치는 배추로 만들어 졌다.
- ワインはぶどうから作(つく)られた。
  와인은 포도로 만들어졌다.

연습 1 **다음 문장을 완성하세요.**

1） 小説(しょうせつ)『1Q84』は村上春樹(むらかみはるき)によって（書(か)く ➔ 　　　　　　）。

2） カップラーメンは日本人(にほんじん)によって（作(つく)る ➔ 　　　　　　）。

3） ブルジュ・ハリファはサムスンなどによって（建(た)てる ➔ 　　　　　　）。

4） ハングルはセジョン大王(だいおう)によって（作(つく)る ➔ 　　　　　　）。

電気 전기 ｜ 発明 발명 ｜ 大陸 대륙 ｜ 発見 발견 ｜ みにくいアヒルの子 미운 오리 새끼 ｜ 白菜 배추 ｜ ぶどう 포도 ｜ 小説 소설
ドローン 드론 ｜ 開発 개발 ｜ 大王 대왕

설명

- 수동형 문장에서 '作(つく)る(만들다)' '建(た)てる(세우다)' '書(か)く(쓰다)' '発見(はっけん)する(발견하다)' '発明(はつめい)する(발명하다)' 등, 이전에 없던 것이 새로 생겨났음을 나타내는 동사의 행위자에 대해서는 조사 'に' 대신 'によって'를 사용한다.

예 川端康成(かわばたやすなり)が『雪国(ゆきぐに)』を書(か)いた。 카와바타 야스나리가 '설국'을 썼다.
→『雪国(ゆきぐに)』は川端康成(かわばたやすなり)によって書(か)かれた。
'설국'은 카와바타 야스나리에 의해 쓰였다.

- 재료로써 사용한 경우는 조사 'で'를 사용한다.

예 キムチは白菜(はくさい)によって作(つく)られる。(×)
→ キムチは白菜(はくさい)で作(つく)られる。(○) 김치는 배추로 만들어진다.

- 원재료로 사용되어 그 형태가 남아 있지 않은 경우는 조사 'から'를 사용한다.

예 ワインはぶどうから作(つく)られる。 와인은 포도로 만들어진다.

연습 2 다음을 '누가' 또는 '무엇으로' 만들었는지 검색한 후, 수동형 문장으로 만드세요.

1) ジーンズは ____________________

2) ソウルのDDPは ____________________

3) サグラダ・ファミリアは ____________________

4) 小説(しょうせつ)『罪(つみ)と罰(ばつ)』は ____________________

5) 江戸幕府(えどばくふ)は ____________________

罪と罰 죄와 벌 | 江戸幕府 에도 막부

질문 다음 문장의 형태와 의미의 차이를 생각해 봅시다.

a. 母が私のコップを割りました。

b. 私は母にコップを割られてしまいました。

연습 1 예와 같이 문장의 주어를 바꾸어 수동형 문장으로 완성하세요.

예 姉が私の日記を読みました。

➔ （私）は姉（に）日記（を）読まれました。

1）弟が私のスマホを落としました。

➔ (　　)は(　　)に(　　)を落とされました。

2）電車で前の人が私の足を踏みました。

➔ 電車で(　　)は(　　)に(　　)を踏まれました。

3）山口さんは中村さんの肩を抱きました。

➔ (　　)は(　　)に(　　)を抱かれました。

母 엄마 | コップ 컵 | 割る 깨다 | 姉 언니, 누나 | 落とす 떨어뜨리다 | 踏む 밟다 | 肩 어깨 | 抱く 안다, 껴안다

설명

'b. 私(わたし)は母(はは)にコップを割(わ)られてしまいました。'는 능동형 문장인 'a. 母(はは)が私(わたし)のコップを割(わ)りました。(엄마가 내 컵을 깼다)'를 수동형 문장으로 바꾼 것이다. 수동형 문장을 사용하면 예기치 못한 피해를 받았다는 느낌을 주므로 사용에 주의해야 한다.

예) 兄(あに)が私(わたし)の頭(あたま)を打(う)った。 형이 내 머리를 때렸다.
→ 私(わたし)は兄(あに)に頭(あたま)を打(う)たれた。

➕ '雨(あめ)が降(ふ)る(비가 내리다)'를 '(私(わたし)は)雨(あめ)に降(ふ)られる'와 같이 수동형 문장으로 바꾸면 '비가 내려서 힘들었다, 곤란했다'는 의미가 더해지므로 표현에 주의해야 한다.

예) 子供(こども)が泣(な)く。 아이가 울다.
→ 子供(こども)に泣(な)かれる。

연습 2 다음 문장의 주어를 바꾸어 수동형 문장으로 만들고 해석하세요.

1) 犬(いぬ)が私(わたし)のスカートを汚(よご)しました。

➔ 수동형 문장 : ______________________

해석 : ______________________

2) 自転車(じてんしゃ)が私(わたし)の足(あし)をひいた。

➔ 수동형 문장 : ______________________

해석 : ______________________

3) バスが行(い)ってしまいました。

➔ 수동형 문장 : ______________________

해석 : ______________________

4) 大森(おおもり)さんが岡田(おかだ)さんのパソコンを壊(こわ)してしまいました。

➔ 수동형 문장 : ______________________

해석 : ______________________

ひく 치다 | 壊す 부수다

질문 다음 문장의 의미를 통해 '~と'의 용법을 생각해 봅시다.

- 春(はる)になる**と**、暖(あたた)かくなります。
  봄이 되면, 따뜻해 집니다.
- 朝起(あさお)きる**と**、コーヒーを飲(の)みます。
  아침에 일어나면, 커피를 마십니다.
- あまり高(たか)い**と**売(う)れません。
  너무 비싸면 안 팔립니다.
- お店(みせ)が不親切(ふしんせつ)だ**と**困(こま)ります。
  가게가 불친절하면 곤란합니다.

연습 1 다음 문장을 완성하세요.

1) 目(め)が悪(わる)い(　　　　　)、パイロットになれません。
   해석 : ____________________

2) 子(こ)どもが嫌(きら)い(　　　　　)、幼稚園(ようちえん)の先生(せんせい)になれません。
   해석 : ____________________

3) 地下鉄(ちかてつ)は65才(さい)になる(　　　　　)、ただで乗(の)れます。
   해석 : ____________________

4) 成績(せいせき)は60点以上(てんいじょう)(　　　　　)、合格(ごうかく)です。
   해석 : ____________________

春 봄 | 暖かい 따뜻하다 | 売れる 팔리다 | 不親切 불친절, 불친절하다 | 幼稚園 유치원 | ~になる ~이(가) 되다, ~하게 되다
ただ 공짜, 무료 | 合格 합격

설명

'~と'는 한국어의 '~면'에 해당하며, 사용되는 문장의 특징은 다음과 같다.

① 자연히 그렇게 되는 것을 의미

② 습관적으로 하는 행동

③ 필연적인 상태

④ 그로 인해 자연스레 생기는 기분

예 暑(あつ)いと汗(あせ)が出(で)ます。　더우면 땀이 납니다.

품사	접속 방법	뜻	비고
동사	사전형 + と	~면	주로 동사와 い형용사의 표현에 많이 사용된다
い형용사			
な형용사	사전형 + だ + と		
명사			

➕
- '~と'는 자연스럽고 습관적이며 필연적인 내용을 나타내는 문장에 쓰이므로, '~てください' '~なければならない' '~よう'와 같이 의지를 나타내는 표현과는 사용하지 않는다.

  예 おいしいと食(た)べてください。(×)　　疲(つか)れると休(やす)みましょう。(×)

- 과거 표현에는 사용할 수 없다.

  예 食(た)べると太(ふと)りました。(×)

연습 2 예와 같이 자유롭게 문장을 완성하세요.

예 秋(あき)になる → 秋(あき)になると紅葉(こうよう)を見(み)に行(い)きます。

1) 甘(あま)いものが好(す)き → ______________________

2) 歩(ある)きスマホをする → ______________________

3) 好(す)きな人(ひと)に会(あ)う → ______________________

4) 大人(おとな)になる → ______________________

秋 가을 | 紅葉 단풍, 단풍잎 | 甘いもの 단 것 | 歩きスマホ 보행 중 스마트폰 사용 | 大人 어른

질문 다음 문장의 의미를 통해 'たら'의 용법을 생각해 봅시다.

- 雨(あめ)が降(ふ)っ**たら**行(い)きません。
  비가 내리면 가지 않습니다.
- 日本(にほん)に着(つ)い**たら**、連絡(れんらく)してください。
  일본에 도착하면 연락해 주세요.
- 具合(ぐあい)が悪(わる)かっ**たら**、少(すこ)し休(やす)みましょうか。
  몸이 안 좋으면 조금 쉴까요?

연습 1 다음 문장을 완성하세요.

1) もし雨(あめ)が（降(ふ)る ➔　　　　）たら、行(い)きません。

2) 空港(くうこう)に（着(つ)く ➔　　　　）たら、電話(でんわ)してください。

3) 本(ほん)を買(か)いに（行(い)く ➔　　　　）たら、売(う)り切(き)れでした。

4) （寒(さむ)い ➔　　　　）たら、ヒーターをつけてください。

5) 薬(くすり)を（飲(の)む ➔　　　　）だら、頭痛(ずつう)が治(なお)りました。

6) 明日(あした)、（天気(てんき)になる ➔　　　　）たら、ピクニックへ行(い)きましょう。

着く 도착하다 | 連絡 연락 | 具合が悪い 몸이 좋지 않다, 컨디션이 좋지 않다 | 方 쪽, 편 | もし 만일, 만약 | 空港 공항 | 電話 전화
売り切れ 품절 | ヒーター 히터 | 頭痛 두통 | 治る 낫다, 치료되다 | 天気になる 날씨가 개다

설명

'~たら'도 한국어의 '~면'에 해당되지만, '~と'와는 달리 다음과 같은 특징을 가진다.

① 만에 하나 생길 수도 있는 불확실한 미래에 대한 표현 [혹시 … 하다면]

② A가 이루어지면 B를 한다는 의미

③ 주로 상대방에게 제안을 할 때 사용 [지금 그러하다면 …]

품사	접속 방법	뜻	비고
동사	과거형(た형) + ら	~면	行(い)く → 行(い)ったら
い형용사			高(たか)い → 高(たか)かったら
な형용사			静(しず)か → 静(しず)かだったら
명사			先生(せんせい) → 先生(せんせい)だったら

연습 2 다음 두 개의 문장을 '~たら' 또는 '~と'를 사용하여 한 문장으로 만드세요.

1）明日雨(あしたあめ)が降(ふ)る + うちの中(なか)で遊(あそ)びましょう

➔ ______________________

2）右(みぎ)に曲(ま)がる + コンビニがあります

➔ ______________________

3）頭(あたま)が痛(いた)い + 休(やす)んでください

➔ ______________________

4）明日休講(あしたきゅうこう) + 映画(えいが)でも見(み)に行(い)きませんか

➔ ______________________

연습 3 다음 문장의 의미 차이를 설명해 보세요.

1）薬(くすり)を飲(の)んだら頭痛(ずつう)が治(なお)ります。

2）薬(くすり)を飲(の)むと頭痛(ずつう)が治(なお)ります。

曲がる 구부러지다, 돌다 | 頭 머리 | 休講 휴강

질문 다음 문장의 공통점과 '~なら'의 접속방법을 생각해 봅시다.

- アイスクリーム**なら**この店(みせ)が一番(いちばん)です。
  아이스크림이라면 이 가게가 최고예요.
- 映画(えいが)を見(み)る**なら**真(ま)ん中(なか)の席(せき)がいいです。
  영화를 본다면 가운데 자리가 좋아요.
- すし**なら**この店(みせ)です。
  초밥이라면 이 가게입니다.

연습 1 다음 문장을 완성하세요.

1) 日本語(にほんご)の本(ほん)を買(か)うなら（　　　　　　　　）がいいですよ。

2) 大学(だいがく)の近(ちか)くのおいしいお店(みせ)なら（　　　　　　　　）が一番(いちばん)ですね。

3) 背(せ)が高(たか)くなりたいなら（　　　　　　　　）てください。

4) 初(はじ)めてのデートなら、（　　　　　　　　）がいいんじゃないですか。

一番 최고 | 真ん中 한가운데 | 初めて 처음, 처음으로

설명

'~なら'도 한국어의 '~면'에 해당되지만, 가정조건하에서 상대방에게 무언가를 권할 때, 조언할 때 주로 사용된다. 이와 같이 '~なら'는 화자의 의사가 포함되므로, 자연현상 등을 설명할 때는 사용할 수 없다.

예 春(はる)になるなら温(あたた)かくなります。(×)

품사		접속 방법	예
동사	1그룹	사전형 + なら	飲(の)む → 飲(の)むなら 마신다면
	2그룹		見(み)る → 見(み)るなら 본다면
	3그룹		する → するなら 한다면 来(く)る → 来(く)るなら 온다면
い형용사			高(たか)い → 高(たか)いなら 비싸다면
な형용사			まじめ → まじめなら 성실하다면
명사			ラーメン → ラーメンなら 라면이라면

➕ '동사 + なら'는 조건 표현으로 '~ば'와 비슷하게 사용된다.

예 あなたが行(い)くなら、私(わたし)も行(い)きます。(○)

'당신이 가면 나도 가겠다'라는 의미

연습 2 **다음 문장의 의미 차이를 설명해 보세요.**

1) 車(くるま)を買(か)うと、お金(かね)がなくなります。

2) 車(くるま)を買(か)えば、どこでも行(い)けます。

3) 車(くるま)を買(か)ったら、ドライブをしましょう。

4) 車(くるま)を買(か)うなら、何色(なにいろ)にしますか。

何色 무슨 색

질문 다음 품사에 조건 및 가정을 나타내는 '~ば'를 접속하는 방법을 확인하세요.

동사	い형용사	な형용사	명사
会(あ)う → 会(あ)え**ば**	いい → よけれ**ば**	暇(ひま) → 暇(ひま)なら**ば**	学生(がくせい) → 学生(がくせい)なら**ば**
見(み)る → 見(み)れ**ば**	大(おお)きい → 大(おお)きけれ**ば**	上手(じょうず) → 上手(じょうず)なら**ば**	ペン → ペンなら**ば**
する → すれ**ば**	楽(たの)しい → 楽(たの)しけれ**ば**	好(す)き → 好(す)きなら**ば**	赤(あか) → 赤(あか)なら**ば**
来(く)る → 来(く)れ**ば**	少(すく)ない → 少(すく)なけれ**ば**	きれい → きれいなら**ば**	私(わたし) → 私(わたし)なら**ば**

연습 1 다음 표를 완성하세요.

동사	い형용사	な형용사	명사
立(た)つ →	おいしい →	有名(ゆうめい) →	スマホ →
取(と)る →	うれしい →	親切(しんせつ) →	時計(とけい) →
いる →	かわいい →	きれい →	本(ほん) →

설명

'~ば'도 한국어의 '~면'에 해당되지만, 조건의 의미가 강하다. 예를 들면, 'あなたが行けば私も行く。'는 '당신이 가면 나도 가겠다'는 뜻이지만, 내가 가는 조건은 당신이 가는 것이라는 뜻도 내포한다.

품사		접속 방법	예			
동사	1그룹	어미를 え단으로 바꾸고 ば접속	飲む	→	飲めば	마시면
동사	2그룹	어미 る를 지우고 れば접속	入れる	→	入れれば	넣으면
동사	3그룹	불규칙 활용	する	→	すれば	하면
동사	3그룹	불규칙 활용	来る	→	来れば	오면
い형용사		어미 い를 지우고 ければ접속	高い	→	高ければ	비싸면
な형용사		사전형 + ならば	静か	→	静かならば	조용하면
명사		사전형 + ならば	先生	→	先生ならば	선생님이라면

연습 2 **다음 문장을 완성하세요.**

1) ユリさんが (見る ➔　　　　　　) ば、私も見ます。

2) 先生が (来ない ➔　　　　　　) ば、授業は始まりません。

3) 足し算が (できる ➔　　　　　　) ば、掛け算もできるでしょう。

4) 30分早く (でかける ➔　　　　　　) ば、間に合いましたが …

연습 3 **다음 문장의 의미 차이를 설명해 보세요.**

1) 雨が降ると休みます。

2) 雨が降ったら休みます。

3) 雨が降れば休みます。

足し算 덧셈 | 掛け算 곱셈 | 間に合う 시간에 대다

조건·가정형 종합

'~と・~たら・~ば・~なら'는 모두 가정을 나타내는 한국어의 '~면'에 해당하지만, 각각 다음과 같은 특징을 가진다.

- **'~と'는 자연적으로 늘 그렇게 되는 상황을 설명할 때 사용된다.**
- **'~たら'는 단언할 수는 없지만 '만약' 생길 수 있는 불확실한 상황을 설명할 때 사용된다.**
- **'~ば'는 조건을 설명할 때 사용된다.**
- **'~なら'는 '가장 대표적인 예'를 설명할 때 사용된다.**

연습 다음을 일본어 문장으로 만드세요.

1) 봄이 되면 따뜻해집니다.

➔ ______________________________

2) 당신이 가면 나도 갑니다.

➔ ______________________________

3) 애완동물이라면 고양이가 가장 좋습니다. (힌트 어휘 : ペット)

➔ ______________________________

4) 일본에 도착하면 전화하겠습니다.

➔ ______________________________

5) 일본인 애인이 생기면 일본어가 능숙해집니다. (힌트 어휘 : できる)

➔ ______________________________

6) 홋카이도라면 눈축제가 유명합니다. (힌트 어휘 : 雪祭(ゆきまつ)り)

➔ ______________________________

7) 만약 비가 내리면 연장하겠습니다. (힌트 어휘 : 延長(えんちょう))

➔ ______________________________

ペット 애완 동물 | できる 생기다 | 雪祭り 눈축제 | 延長 연장

代常夜燈

Outro

일본 필수지식

일본의 지진

■ 地震が起きた時

日本は地震大国だ。体に感じる地震が年間2000回以上もある。そのため、地震教育は幼い時から地域や学校を中心に行われていて、ほとんどの各家庭や施設に非常用の食品や装備が備え付けてある。

しかし、初めて日本へ来た外国人や日本で生活したことのない外国人は地震に合うと、どうしたらいいか分わからなくなってしまう可能性が大きい。そこで、ここでは地震の時の対応について勉強したい。

	しなくてはいけないこと	してはいけないこと
建物の中	・頭を守る。頭の上に本や上着（厚めの物）を乗せる。 ・安全な場所に即座に移動して動かない。 - 家の中：トイレ、玄関など、テーブルの下 - 建物：柱の近く、机、テーブルの下 ・エレベーターに乗っていたら、すぐ降りる。 - すべてのボタンを両手で押す。	・エレベーターに乗る。 ・外にすぐ走り出る。
外	・頭をバッグなどで守る。	・塀やブロックに近づかない。

■ マグネチュードと震度について

日本で地震があると、ニュースですぐマグネチュードと震度について放送がある。

マグネチュードは地震のエネルギーの大きさを表し、震度は揺れの大きさを表す。

マグネチュードが大きくても、地下深くで地震が起こった場合は震度は小さい。

しかし、広い範囲に地震が起こる。

ちなみに、東海大地震のマグネチュードは８で、一番強く揺れたところは震度7だった。

1度	人は感じない。
2度	屋内にいる人の多くが感じる。
3度	屋内にいる人のほとんどが感じる。恐怖感もある。
4度	かなりの恐怖感があり、身の安全を図ろうとする人がいる。 固定していないものが落ちてくる場合もある。
5度弱	多くの人が身の安全を図ろうとする。揺れて歩きづらい感じがする。 固定していないものが落ちたり、移動したりする。
5度強	非常な恐怖を感じる。行動に支障を感じる。
6度弱	立っているのが困難になる。
6度強	立っていることができず、動くことができない。 固定していない棚が倒れたりする。窓が割れる場合もある。
震度7度	揺れが強く、自分の意思で行動することができない。 建物の崩壊の危険がある。

일본인의 성(名字)과 이름(名前) 1

日本の名字は、通常15万あると言われていますが、同じ漢字でも読み方が違うものを含めると、約29万種類の名字（苗字・姓）があります。名字は漢字1つのものから漢字5つのものまであり、そのうちの 7000種類で人口の96%をカバーしています。そのうち最も多いのが「佐藤」で約190万人、2位が「鈴木」で約170万人です。もともと名字は貴族や武士、商人だけが持っていましたが、明治維新以降に急に全ての国民について名字が義務づけられました。そのため、多くの日本人がどんな名字を名乗ればよいのか分からず、とっさに思いついたものを名字として採用したため、「醤油」「砂糖」「東京」「鼻毛」など、珍しい名字が数多く存在するようになったと言われています。また、読み方もいろいろで、「小鳥遊」という名字は「たかなし」と読みます。鷹がいなくて安全なので、小鳥が遊べるという意味らしいですが、名字の読み方は確認が必要だということです。

名字・苗字・姓 성 ｜ 含める 포함시키다 ｜ 貴族 귀족 ｜ 武士 무사 ｜ 商人 상인
明治維新以降 메이지유신 이후 ｜ 義務 의무 ｜ 名乗る 자기 이름을 대다, 실명을 갖다 ｜ 採用 채용
珍しい 드물다, 희귀하다 ｜ 存在する 존재하다

일본인의 성(名字)과 이름(名前) 2

■ 2018년도 일본에서 가장 많은 성씨 및 인기 있는 신생아 이름 순위

성 (읽는 법)	랭킹	남자 아이 이름 (읽는 법)	여자 아이 이름 (읽는 법)
佐藤 (さとう)	1	蓮 (れん)	陽葵 (ひまり)
鈴木 (すずき)	2	陽翔 (はると)	芽依 (めい)
高橋 (たかはし)	3	陽太 (ひなた)	莉子 (りこ)
田中 (たなか)	4	樹 (いつき) / 悠人 (ゆうと)	葵 (あおい)
伊藤 (いとう)	5		澪 (みお) / 結菜 (ゆいな) / 凛 (りん)
渡辺 (わたなべ)	6	湊 (みなと)	
山本 (やまもと)	7	大翔 (ひろと)	
中村 (なかむら)	8	蒼 (あおい) / 朝陽 (あさひ)	結愛 (ゆあ) / 琴音 (ことね)
小林 (こばやし)	9		
加藤 (かとう)	10	陽斗 (はると) / 颯真 (そうま) / 奏太 (そうた)	陽菜 (ひな)

신체와 관련된 한자

연습 다음 한자의 읽는 방법과 뜻을 생각해 봅시다.

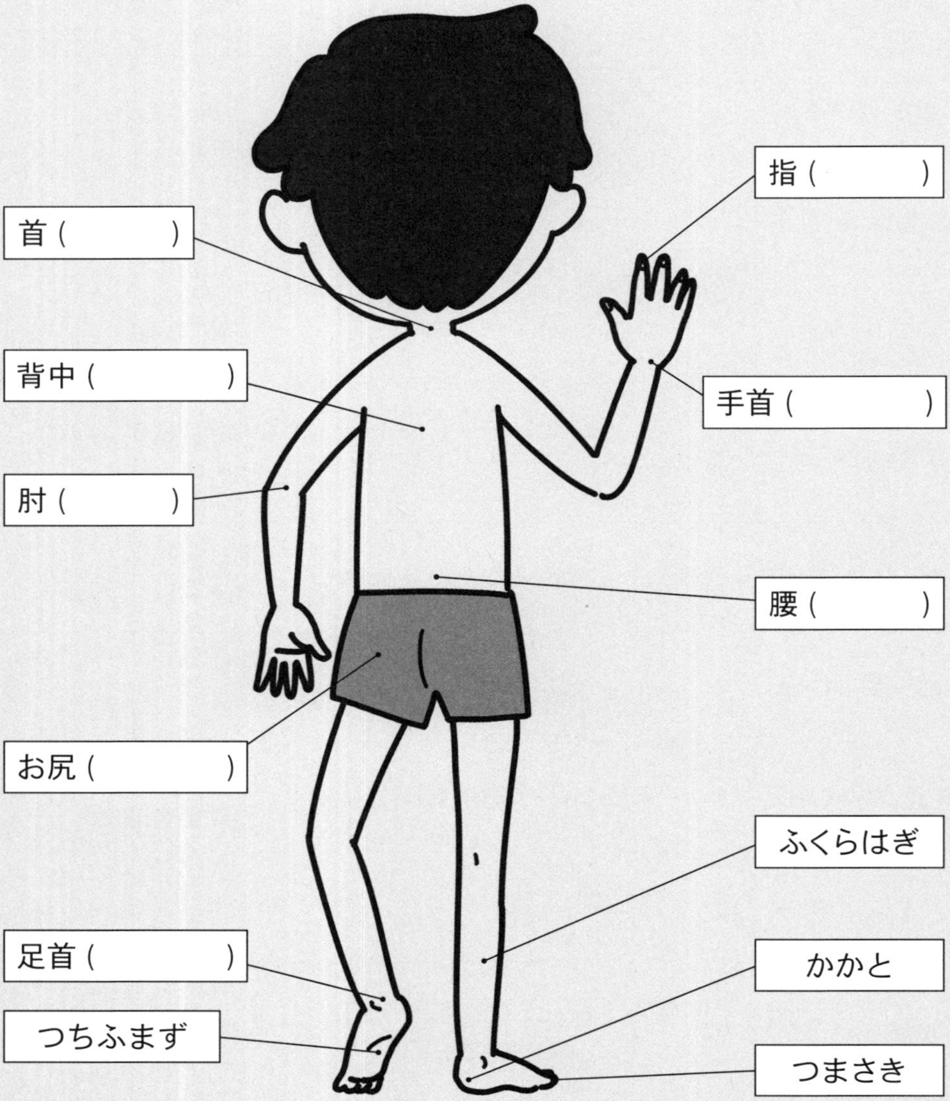

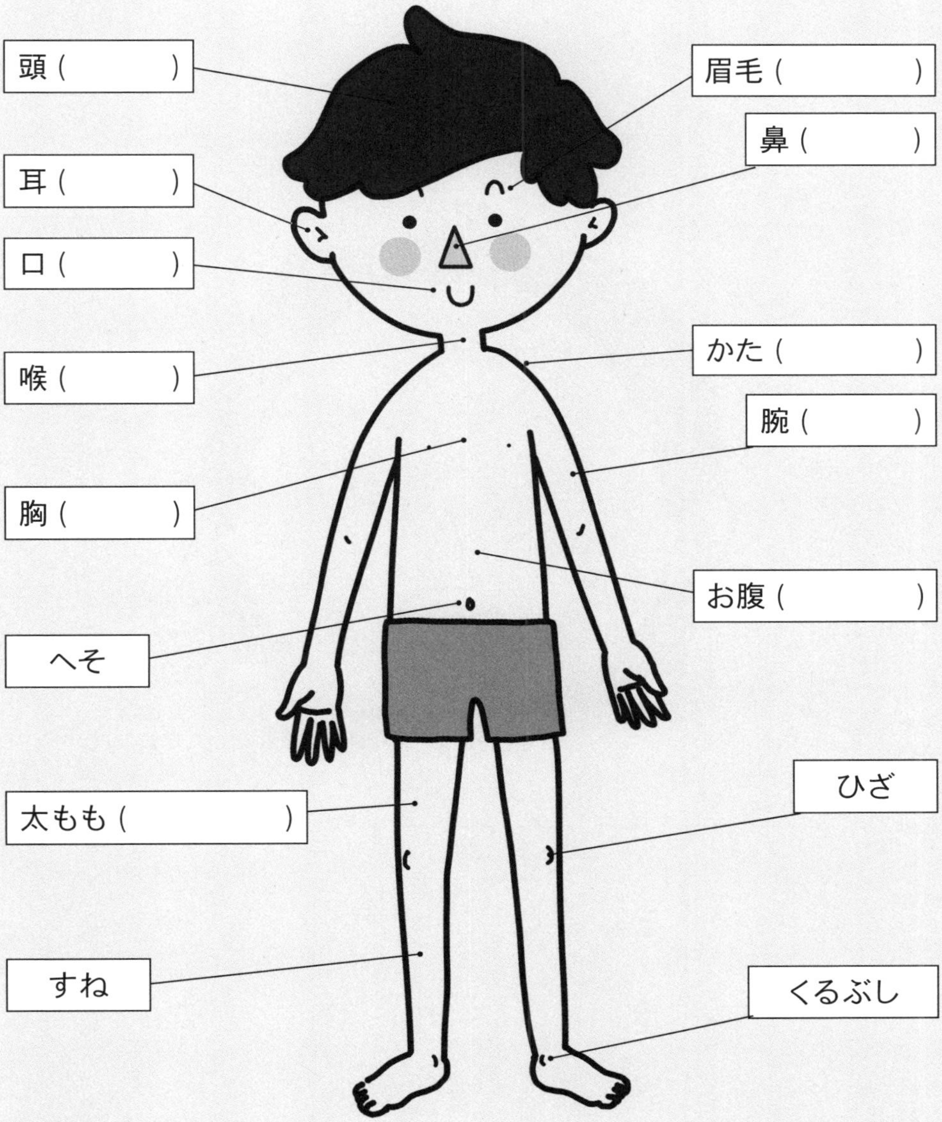
頭 (　　　)
眉毛 (　　　)
鼻 (　　　)
耳 (　　　)
口 (　　　)
喉 (　　　)
かた (　　　)
腕 (　　　)
胸 (　　　)
お腹 (　　　)
へそ
太もも (　　　)
ひざ
すね
くるぶし

얼굴 및 손과 관련된 한자

연습 다음 한자의 읽는 방법과 뜻을 생각해 봅시다.

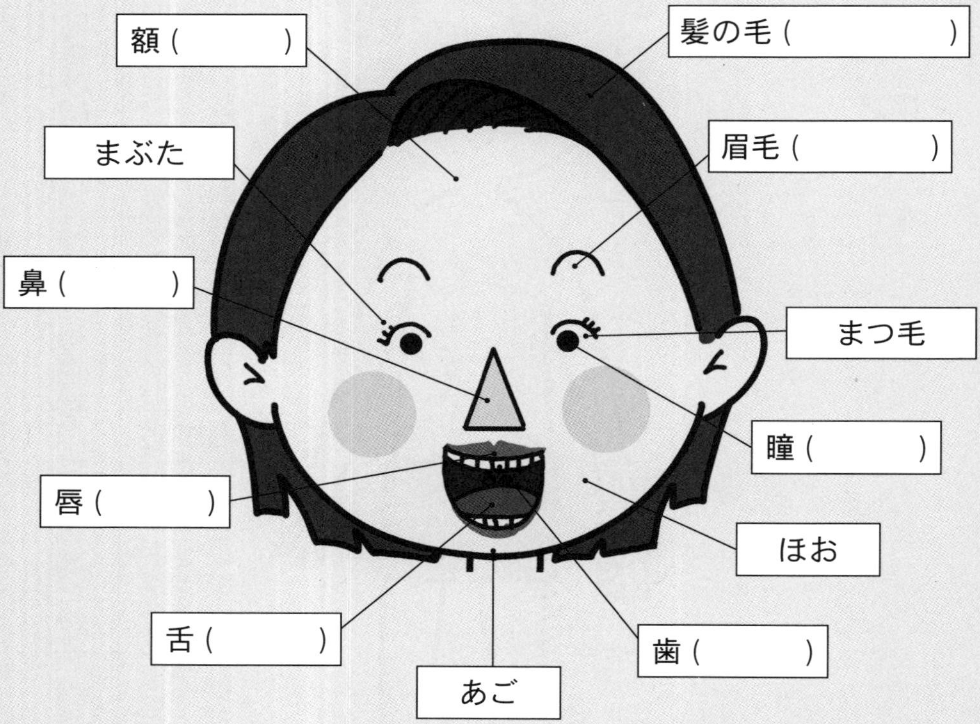

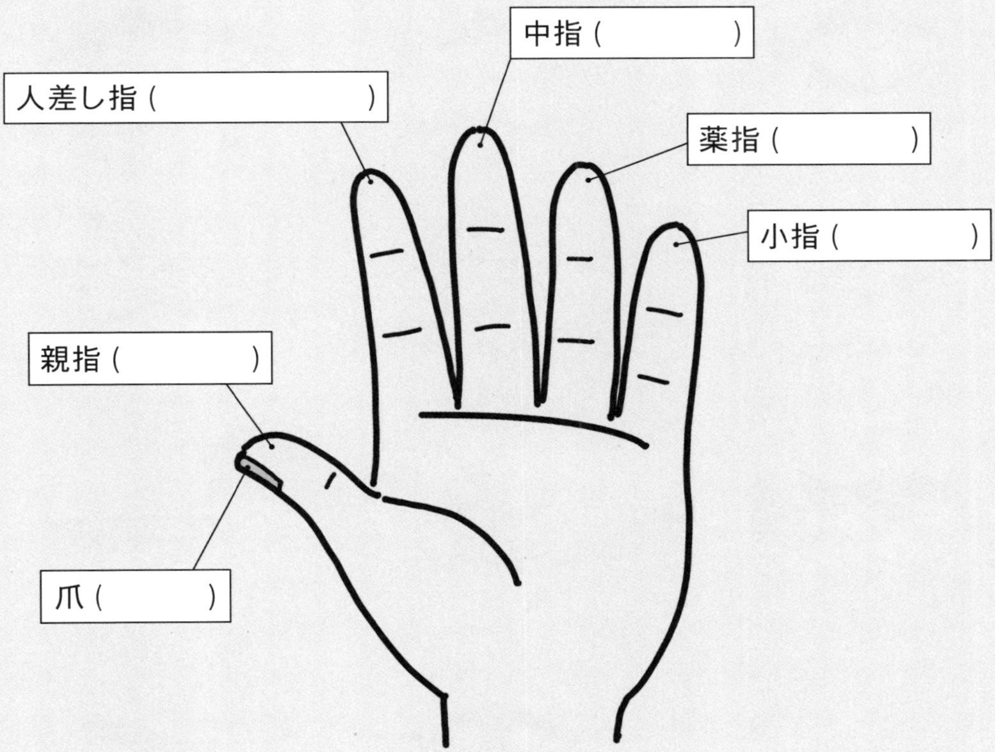
中指 (　　　　)
人差し指 (　　　　　　)
薬指 (　　　　)
小指 (　　　　)
親指 (　　　　)
爪 (　　　)

음식과 관련된 한자 - 해산물

鮪(まぐろ)
참치

鰹(かつお)
가다랑어

鯛(たい)
도미

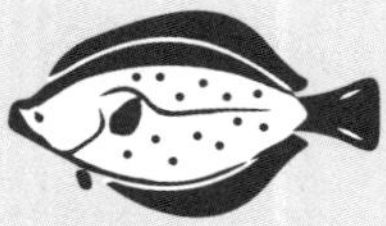

平目・鮃(ひらめ)
광어

鮭(しゃけ・さけ)
연어

鰤(ぶり)
방어

鯵(あじ)
전갱이

海老・蝦(えび)
새우

蛸(たこ)
문어

河豚・鰒(ふぐ)
복어

烏賊・鱿(いか)
오징어

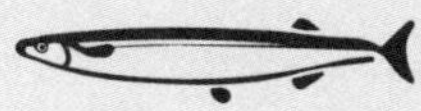

秋刀魚(さんま)
꽁치

鯖(さば)
고등어

蟹(かに)
게

帆立(ほたて)
가리비

穴子(あなご)
붕장어

海栗・海胆(うに)
성게

鮑(あわび)
전복

蛤(はまぐり)
대합

鰻(うなぎ)
장어

飛魚(とびうお)
날치

■ **이름의 유래**

鮪	눈이 검다는 뜻의 めぐろ였으나, 후에 鮪(まぐろ)가 되었다.
鯛	일본의 모든 해역에서 연중(周年) 잡힌다는 뜻.
秋刀魚	가을(秋)에 잡히는 칼(刀)처럼 생긴 생선(魚)이라는 뜻.
蛸	먹물을 뿜어 자취를 감춘다는 뜻.
烏賊	오징어를 먹으려고 날아온 까마귀를 오히려 잡아먹었다는 설에서 까마귀(烏)를 해치는 도적(賊)이라는 이름을 갖게 되었다.
鯖	푸른(青い) 생선(魚)이라는 뜻.
海老	허리가 굽은 모양이 마치 바다(海)의 노인(老) 같다는 뜻.
平目	납작한 생선이라는 뜻.

음식과 관련된 한자 - 초밥을 먹으러 가요

■ 초밥(寿司)의 종류

- **押しずし**

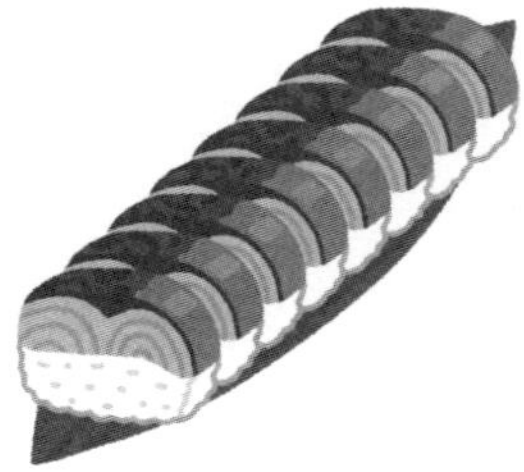

눌러서 형태를 만든 후 발효를 시키는 寿司이다. 押しずし는 보존식으로 발달된 것으로 寿司의 원조에 해당한다.

- **握りずし**

밥을 손으로 쥐어 한입 크기로 만들고, 그 위에 재료를 올린 것을 말한다. 원래 寿司는 만들어 먹기까지 시간과 수고가 따르는 음식이었으나, 성격이 급한 江戸(현재의 東京) 사람들은 바다가 가까이 있어 신선한 해산물을 구할 수 있는 점에 착안하여 握りずし를 만들었다. 당시 握りずし는 屋台에서 손쉽게 사 먹을 수 있는 서민의 음식으로 큰 인기를 얻어, 江戸지역을 대표하는 음식이 되었다.

대표적인 握りずし에는 まぐろ、鮭、甘エビ 등 해산물을 재료로 사용한 것과 たまご、うなぎ 등 조리된 재료를 사용한 것이 있다. 그중에서도 まぐろ는 사용 부위에 따라 이름과 색이 다른데, 赤身는 등 부분의 살로 새빨간 색을 띠며, 中トロ나 大トロ는 지방이 많은 뱃살로 연한 핑크색을 띠는 것이 특징이다.

まぐろの赤身

まぐろの中トロ

甘エビ

たまご

うなぎ

- **巻きずし**

초밥용 밥을 뜻하는 酢飯와 재료를 海苔에 말아서 만든 것을 말한다. 巻きずし의 종류에는 배 같은 모양으로 밥 주변을 김으로 말고, 그 위에 재료를 올리는 軍艦巻き, 한국의 김밥과 같은 모양의 太巻き, 속재료를 한 개만 넣고 얇게 만드는 細巻き가 있다. 細巻き에는 전설 속 동물인 かっぱ가 좋아했다는 오이를 넣고 만든 かっぱ巻き, 재료로 넣은 まぐろ의 赤身가 마치 달군 쇠처럼 보이는 것에서 이름이 유래된 鉄火巻き 등이 있다.

うにの軍艦巻き

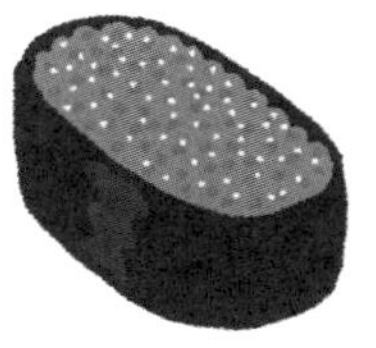
いくらの軍艦巻き

かっぱ巻き

鉄火巻き

- **ちらし寿司**

ちらし寿司는 메이지 시대 이후에 발명된 것으로, 酢飯 위에 여러 가지 재료들을 한입에 먹기 좋게 흩뿌리듯 올려 만드는 것에서 그 이름이 유래되었다.

■ 초밥(寿司)을 먹을 때 주의할 점

1. 와사비는 간장에 섞지 않고 재료(ネタ)에 묻힌 후, 간장을 찍어 먹는다.
2. 간장은 밥이 아닌 재료(ネタ)에 찍어 먹는다.
3. '흰 살 생선 → 붉은 살 생선', '담백한 맛 → 양념된 맛'의 순서로 먹는 것이 초밥을 맛있게 먹는 방법이라고 한다.

일본의 지명

연습 1 다음 지명의 한자를 지도에서 찾아 써 보세요.

- きょうと □□
- ながさき □□
- わかやま □□□
- なら □□
- ふくおか □□
- おおさか □□
- くまもと □□

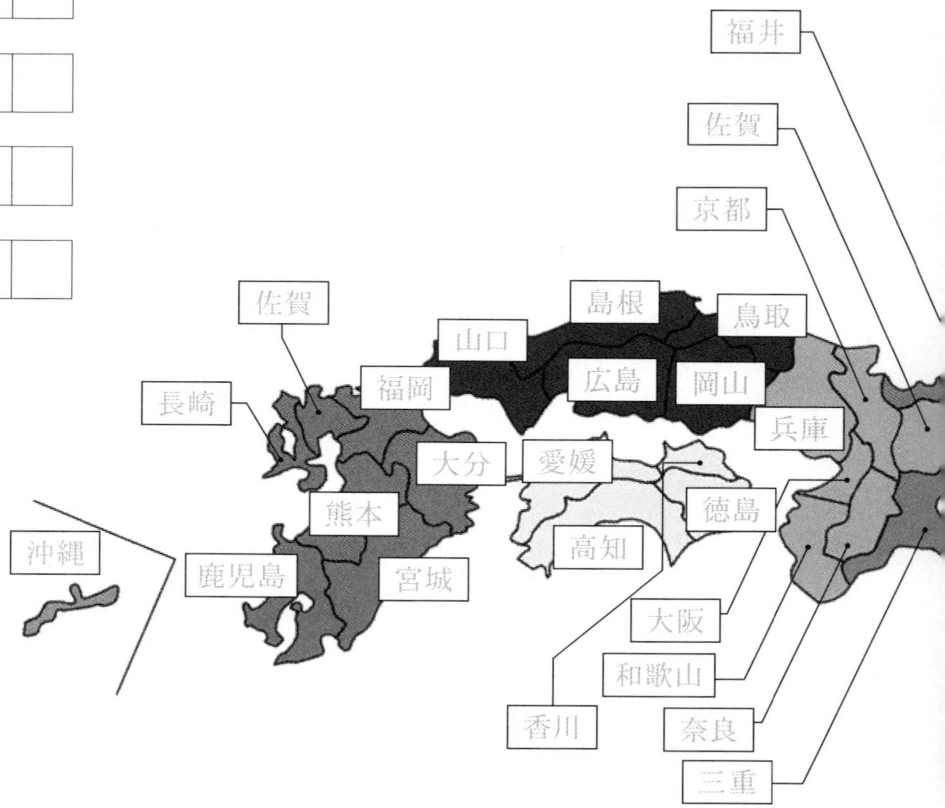

일본은 북쪽에서부터
北海道(ほっかいどう)、本州(ほんしゅう)、四国(しこく)、九州(きゅうしゅう)의
네 개의 섬으로
이뤄진 섬나라입니다.

연습 2 **다음 지명의 한자를 지도에서 찾아 써 보세요.**

- ちば ☐☐
- ほっかいどう ☐☐☐
- かながわ ☐☐☐
- あきた ☐☐
- ながの ☐☐
- あおもり ☐☐
- とうきょう ☐☐

대학교의 학과

	学部	学科
文系	文学部	英米文学科・仏文学科・哲学科
	外国語学部	英米語学科・中国語学科・日本語学科
	経済学部	経済学科・経済金融学科
	経営学部	経営学科・会計学科
	法学部	法学科・政策学科
	社会学部	社会学科・社会情報学科・社会福祉学科・メディアコンテンツ学科・観光学科
	教育学部	数学教育学科・応用美術教育学科
理系	工学部	融合電子工学科・機械工学科・有機ナノ工学科・化学工学科・新素材工学科・建築学科・エネルギー工学科
	理学部	物理学科・生物学科
	農学部	農学科・生命科学科
	医学部	医学科・保健学科
	歯学部	歯学科
	薬学部	薬学科

연습 **전공을 묻고 답해봅시다.**

Q1：あなたは文系ですか、理系ですか。

A1：＿＿＿＿＿＿＿＿＿＿＿＿＿＿＿＿＿＿＿＿

Q2：あなたの学部・学科を教えてください。

A2：＿＿＿＿＿＿＿＿ 部の ＿＿＿＿＿＿＿＿＿＿ 学科です。

가족의 호칭

자기 가족	가족 호칭	남의 가족
家族(かぞく)	가족	ご家族(かぞく)
夫(おっと)	남편	ご主人(しゅじん)
妻(つま)	아내	奥(おく)さん
父(ちち)　父(とう)ちゃん●　おやじ●	아버지	お父(とう)さん
母(はは)　母(かあ)ちゃん●　おふくろ●	어머니	お母(かあ)さん
祖父(そふ)　じいちゃん●　じじい●	할아버지	お祖父(じい)さん
祖母(そぼ)　ばあちゃん●　ばばぁ●	할머니	お祖母(ばあ)さん
兄(あに)　兄(にい)ちゃん●	형 / 오빠	お兄(にい)さん
姉(あね)　姉(ねえ)ちゃん●	누나 / 언니	お姉(ねえ)さん
弟(おとうと)	남동생	弟(おとうと)さん
妹(いもうと)	여동생	妹(いもうと)さん
兄弟(きょうだい)	형제 / 자매	ご兄弟(きょうだい)
息子(むすこ)　せがれ●	아들	息子(むすこ)さん
娘(むすめ)	딸	娘(むすめ)さん
両親(りょうしん)	부모님	ご両親(りょうしん)

● 허물없이 가까운 사람과의 사이에서 자신의 가족을 칭할 때 사용

자기 친척	친척 호칭	남의 친척
伯父(おじ)	부모님의 손위 남자형제 및 손위 여자형제의 배우자	おじさん
叔父(おじ)	부모님의 손아래 남자형제 및 손아래 여자형제의 배우자	
伯母(おば)	부모님의 손위 여자형제 및 손위 남자형제의 배우자	おばさん
叔母(おば)	부모님의 손아래 여자형제 및 손아래 남자형제의 배우자	
いとこ	사촌	いとこさん

일본어의 조수사

시간과 날짜				
	~시(時)	~분(分)	~일(日)	~월(月)
1	いちじ	いっぷん	ついたち	いちがつ
2	にじ	にふん	ふつか	にがつ
3	さんじ	さんぷん	みっか	さんがつ
4	よじ	よんぷん	よっか	しがつ
5	ごじ	ごふん	いつか	ごがつ
6	ろくじ	ろっぷん	むいか	ろくがつ
7	しちじ	ななふん	なのか	しちがつ
8	はちじ	はっぷん	ようか	はちがつ
9	くじ	きゅうふん	ここのか	くがつ
10	じゅうじ	じゅっぷん	とおか	じゅうがつ
11	じゅういちじ	じゅういっぷん	じゅういちにち	じゅういちがつ
12	じゅうにじ	じゅうにふん	じゅうににち	じゅうにがつ
14			じゅうよっか	
20			はつか	
몇(何)	なんじ	なんぷん	なんにち	なんがつ

	~살(歳)	~명(人)	~개(つ)	~박(泊)
1	いっさい	ひとり	ひとつ	いっぱく
2	にさい	ふたり	ふたつ	にはく
3	さんさい	さんにん	みっつ	さんぱく
4	よんさい	よにん	よっつ	よんはく
5	ごさい	ごにん	いつつ	ごはく
6	ろくさい	ろくにん	むっつ	ろっぱく
7	ななさい	ななにん / しちにん	ななつ	ななはく
8	はっさい	はちにん	やっつ	はっぱく
9	きゅうさい	きゅうにん	ここのつ	きゅうはく
10	じゅっさい	じゅうにん	とお	じゅっぱく
몇(何)	なんさい	なんにん	いくつ	なんぱく

자주 사용하는 부사

부사	뜻	사용 예
おかげで	덕분에	松谷さんの**おかげで**無事に終えました。 마츠야 씨 덕분에 무사히 끝냈습니다.
決して	결코, 절대로	**決して**悪いことはしません。 결코 나쁜 짓은 하지 않겠습니다.
きっと	꼭, 반드시	大丈夫です。**きっと**会えます。 괜찮아요. 꼭 만날 수 있어요.
たまに	어쩌다가	ここには友だちと**たまに**遊びに来ます。 이곳에는 친구들과 가끔 놀러 옵니다.
たまたま	가끔, 이따금	**たまたま**私の父も来ていました。 가끔 우리 아버지도 왔었습니다.
ちゃんと	단정하게, 확실히	その件については**ちゃんと**分かっています。 그 건에 대해서는 확실히 알고 있습니다.
できるだけ	가능한 한, 되도록	**できるだけ**安く買いたいです。 가능한 한 싸게 사고 싶습니다.
まるで	마치, 꼭, 전혀	**まるで**夢のような話しです。 마치 꿈과 같은 이야기네요.
むしろ	차라리, 오히려	結構大きく見えますが、**むしろ**長さは短いです。 꽤 커 보이지만, 오히려 길이는 짧습니다.
もしかして	만약, 어쩌면	**もしかして**、あなたは知っていたのですか。 어쩌면 당신은 알고 있었던 건가요?
もともと	원래	**もともと**使っていたものよりずっといいと思いました。 원래 사용했던 것보다 훨씬 좋은 것 같았습니다.
やはり・やっぱり	역시, 예상과 같이	優勝までも望みましたが、**やはり**無理でした。 우승까지도 바랐지만, 역시 무리였습니다.

자주 사용하는 접속사

접속사	뜻	사용 예
けれども	…지만, …는데	見(み)た記憶(きおく)はあります。**けれども**、思(おも)い出(だ)せません。 본 기억은 있습니다. 하지만, 생각이 나지 않습니다.
しかし	그러나, 그런데	問題(もんだい)は一(ひと)つあります。**しかし**、大(おお)きな問題(もんだい)ではありません。 문제는 한 개 있습니다. 그러나 큰 문제는 아닙니다.
そして	그리고	彼(かれ)は手紙(てがみ)を書(か)きました。**そして**私(わたし)にその手紙(てがみ)を渡(わた)しました。 그는 편지를 썼습니다. 그리고 나에게 그 편지를 건넸습니다.
それから	그 다음에, 그리고 (또)	チーズケーキとマカロン。**それから**、コーヒーもください。 치즈케이크와 마카롱. 그리고 커피도 주세요.
それで	그래서	昨日(きのう)けがをして、**それで**試合(しあい)に出(で)られませんでした。 어제 다쳤고, 그래서 시합에 나갈 수 없었습니다.
ただし	단, 다만	この飴(あめ)あげます。**ただし**、一(ひと)つだけですよ。 이 사탕 드릴게요. 단, 하나만이에요.
とりあえず	부랴부랴, 우선	**とりあえず**、あちらで話(はな)しましょう。 우선 저쪽에서 이야기합시다.

정답 및 해설

Chapter 1

023

연습1 다음 문장을 완성하세요.

1) 自分の部屋で、プラモデルを (**作っ**) ています。
2) 引っ越しの荷物を (**片づけ**) ています。
3) 毎日1時間以上 (**歩い**) ています。
4) 毎朝、アイスコーヒーを (**飲ん**) でいますか。
5) 手紙を (**書い**) ています。

024

연습2 그림 속 사람들이 무엇을 하고 있는지 예와 같이 적어 보세요.

1) **映画をみています。**
2) **滑り台をすべっています。**
3) **順番をまっています。**
4) **友だちとはなしています。**
5) **写真をとっています。**
6) **綿飴をかっています。**

Chapter 2

026

연습 다음 문장을 완성하세요.

1) 上原さんはジーンズを (**履い**) ています。
2) 眼鏡を (**かけ**) ている人はだれですか。
3) 私は白いコートを (**着**) ています。
4) 赤いネクタイを (**しめ**) ている人が奥山さんです。
5) ブーツを (**履い**) ている人を探してください。
6) ピンクのスカーフを (**し**) ている人は金田さんですか。

Chapter 3

027

연습1 다음 동사를 조건에 맞게 구분하세요.

연속성이 있는 동사 : **泣く、消す、書く、走る、遊ぶ**

순간적인 동작을 나타내는 동사 : **結婚する、開く、落ちる、咲く、死ぬ**

028

연습2 [ ] 안에서 알맞은 표현을 골라 문장을 완성하세요.

1) Q : あの人、 [b. **知っています**] か。
   A : はい、 [b. **知っています**]。
2) Q : 今、どこに [b. **住んでいます**] か。
   A : 韓国のソウルに [b. **住んでいます**]。

연습3 다음 문장 표현의 차이를 생각해 봅시다.

1) 雨が降ります : 앞으로 비가 올 거라는 의미
   雨が降っています : 지금 비가 내리고 있다는 의미
   雨が降りました : 과거에 비가 내렸다는 의미
2) 結婚しています : 현재 기혼이라는 의미
   結婚しました : 결혼했다는 사실만을 나타내는 표현으로, 기혼인지 현재 독신인지는 알 수 없다.

Chapter 4

029

연습1 다음 문장을 완성하세요.

1) 私は友だち (**に**) 本をあげました。
2) 友だちは私 (**に**) 本をもらいました。
3) これ、友だちが私 (**に**) くれました。

연습2 [ ] 안에서 알맞은 표현을 골라 문장을 완성하세요.

1) 私は友だちに花びんを [**あげました**]。
2) 阿部さんは私に花を [**くれました**]。
3) 僕は石塚さんにチョコレートを [**あげました・もらいました**]。

030

연습3 그림 속 인물의 입장에서 선물을 주고받는 상황을 일본어 문장으로 완성하세요.

Aくん의 입장 :

1) **わたしはBさんにプレゼントをもらいました。**
2) **Bさんが わたしにプレゼントをくれました。**

Bさん의 입장 :

3) **わたしはAくんにプレゼントをあげました。**

Chapter 5

031

연습 1 다음 문장을 완성하세요.

1) 僕はAさん (**に**) チョコレートを (**作ってもらい**) ました。
   Aさんは僕 (**に**) チョコレートを (**作ってくれ**) ました。
2) Bさんは私 (**に**) 写真を(**見せてくれ**) ました。
   私はBさん (**に**) 写真を (**見せてもらい**) ました。

032

연습 2 다음 문장을 완성하세요.

荷物を持つ

1) 孫 **はおばあさんの荷物を持って** あげました。
2) おばあさん **は孫に荷物を持って** もらいました
3) 孫 **は私の荷物を持って** くれました。

車椅子を押す

1) 息子 **は看護師に車椅子を押して** もらいました。
2) 看護師 **は男の子の車椅子を押して** あげました。
3) 看護師 **が息子の車椅子を押して** くれました。

Chapter 6

033

연습 1 다음 표를 완성하세요.

사전형	뜻	て형	과거형
書く	쓰다	**書いて**	**書いた**
急ぐ	서두르다	**急いで**	**急いだ**
立つ	서다	**立って**	**立った**
死ぬ	죽다	**死んで**	**死んだ**
取る	집다	**取って**	**取った**
入る	들어가(오)다	**入って**	**入った**
いる	있다	**いて**	**いた**

034

연습 2 다음 문장을 완성하세요.

1) 雨が (**やん**) だ。
2) 授業のベルが (**鳴っ**) た。
3) 深夜映画を見に (**行っ**) た。
4) 友だちは先に (**帰っ**) た。
5) 10年ぶりに子供の頃の友だちに (**会っ**) た。

Chapter 7

035

연습 1 다음 표를 완성하세요.

い형용사		な형용사		명사	
사전형	과거형	사전형	과거형	사전형	과거형
ない	**なかった**	きれい	**きれいだった**	スマホ	**スマホだった**
かわいい	**かわいかった**	親切	**親切だった**	車	**車だった**
おいしい	**おいしかった**	有名	**有名だった**	時計	**時計だった**

036

연습 2 다음 문장을 완성하세요.

1) 昨日は私の (**誕生日だっ**) た。
2) 去年の冬はとても (**寒かっ**) た。
3) 前はスキーが (**上手だっ**) た。
4) 先週は久しぶりに (**暇だっ**) た。
5) 昨日、昔 (**好きだった**) 人に会った。
6) その問題はあまり (**難しくなかっ**) た。

Chapter 8

037

연습 1 (　) 안의 단어에 たことがある를 접속하여 문장을 완성하세요.

1) 宝くじに (**当たったことがあり**) ますか。
2) 人の財布を (**拾ったことがあり**) ます。
3) うそを (**ついたことがあり**) ます。

연습 2 [　] 안에서 알맞은 표현을 골라 문장을 완성하세요.

1) 2時間前に食べた [**ばかり**] です。
2) 買った [**ばかり**] の服がどこへ行ったのか見つからない。
3) A： ごめん。待った？
   B： ううん、今来た [**ところ**] だよ。

038

연습 3 예와 같이 과거의 경험에 대해 묻고 답하세요.

1) 日本へ行ったことがありますか。
2) お金を拾ったことがありますか。
3) 告白をしたことがありますか。

연습 4 다음 문장 표현의 차이를 생각해 봅시다.

1) 結婚したばかりです。: 자기가 생각했을 때 결혼한지 얼마 안 되었다는 의미

2) 結婚したところです。: 실제로 방금 결혼했다는 의미

Chapter 9

039

연습 1 다음 상황을 '~ところ・~ているところ・~たところ' 표현을 사용하여 문장으로 만드세요.

料理する

1) a. **料理をするところです。**

2) b. **料理をしているところです。**

3) c. **料理をしたところです。**

絵を描く

1) a. **絵を描くところです。**

2) b. **絵を描いているところです。**

3) c. **絵を描いたところです。**

040

연습 2 ( ) 안의 단어에 '~ところ・~ているところ・~たところ'를 접속하여 문장을 완성하세요.

1) これから (**勉強するところ**) です。

2) まだシャワーを (**浴びているところ**) です。

3) これから約束があって (**でかけるところ**) です。

4) 今、結婚式が (**終わったところ**) です。

5) 今は明日の発表についてチームのメンバーと (**話し合っているところ**) です。

Chapter 10

041

연습 1 다음 문장을 완성하세요.

1) このペンは (**書き**) やすいです。

2) 先生には (**話し**) にくいです。

3) 誰でも (**入り**) やすい空間です。

4) とても (**履き**) にくい靴です。

5) 日本より韓国の方が免許が (**取り**) やすいです。

042

연습 2 예와 같이 '～にくい・～やすい'를 접속하여 자유롭게 문장을 만들고, 해석하세요.

1) 使う + にくい : **古いコンピュータは使いにくいです。**
오래된 컴퓨터는 사용하기 어렵습니다.
使う + やすい : **タブレットPCは使いやすいです。**
태블릿PC는 사용하기 편합니다.

2) わかる + にくい : **人の心はわかりにくいです。**
사람의 마음은 알기 어렵습니다.
わかる + やすい : **あの人はわかりやすいです。**
저 사람은 알기 쉽습니다.

3) 食べる + にくい : **カニは食べにくいです。**
게는 먹기 힘듭니다.
食べる + やすい : **サンドイッチは食べやすいです。**
샌드위치는 먹기 쉽습니다.

4) 切る + にくい : **かたい紙は切りにくいです。**
딱딱한 종이는 자르기 힘듭니다.
切る + やすい : **うすい紙は切りやすいです。**
얇은 종이는 자르기 쉽습니다.

Chapter 11

043

연습 1 ( ) 안의 단어에 'すぎる'를 접속하여 문장을 완성하세요.

1) 夕べは (**飲みすぎ**) ました。

2) すみません。私が (**言いすぎ**) ました。

3) お金を (**使いすぎ**) ました。

4) ご飯の量が (**多すぎ**) ます。

5) 試験の問題は (**難しすぎ**) ます。

044

연습 2 다음 문장을 완성하세요.

1) A : こちらの靴はいかがですか。
B : 素敵ですね、いくらですか。
A : 2万円でございます。
B : うーん。ちょっと (**高すぎ**) ますね。

2) 平均点が90点ですか。問題が (**やさしすぎ**) ましたね。

3) ちょっとお酒、(**飲みすぎ**) じゃないですか?顔が赤いですよ。

4) (**ほめすぎ**) は子供教育によくない場合もある。

Chapter 12

045

연습 1 ( ) 안의 단어에 そうです를 접속하여 문장을 완성하세요.

1) 足がとても (**痛そうです**)。

2) ロープが (**切れそうです**)。

046

연습 2 다음 상황이 어때 보이는지 문장으로 만들어 보세요.

1) 泣きそうです。

2) トイレに行きたそうです。

Chapter 13

047

연습 1 ( ) 안의 단어를 문형에 맞게 바꾸세요.

1) 野田さんはウクレレが (上手だ) そうです。

2) 今年の冬はとても (寒い) そうです。

3) 来週から2週間 (夏休みだ) そうです。

4) 阿部さんと市川さんは (知り合いだ) そうです。

048

연습 2 ( ) 안에 알맞은 말을 넣어 전해 들은 정보를 알려주는 문장으로 완성하세요.

1) 明日、漢字のテストが (あるそう) ですよ。

2) A：実験はいつ始まりますか。
B：来週 (始まるそうです)。

3) A：近藤さんはどこに住んでいますか。
B：はい。会社の近くに (住んでいるそう) です。

4) A：田中さんは日本語が上手ですね。
B：はい、4年間、日本へ留学 (したそう) です。

Chapter 14

049

연습 1 해석에 맞는 표현을 [ ] 안에서 골라 문장을 완성하세요.

1) あのレストランは、お肉料理もおいしい [らしい] です。

2) 今日から中部地方は梅雨 [らしい] です。

3) A：田畑さんは今日もマスクをしていますね。
風邪を引いた [よう] です。
B：あ、田畑さんは花粉症 [らしい] ですよ。

050

연습 2 다음 문장의 의미의 차이를 설명하세요.

1) あの人は日本人らしいですよ。: 일본인이라는 이야기를 들었거나 한 것을 바탕으로 한 추측

2) あの人は日本人のようですね。: 그 사람의 태도나 말씨 외모 등을 근거로 하는 추측

3) あの人は日本人だそうです。: 다른 사람에게 일본인이라는 이야기를 들었다는 의미

4) わあー、あの人、日本人みたい!!: 2)와 같은 의미로 보통 회화체로 사용된다

Chapter 15

051

연습 1 다음 문장을 완성하세요.

1) すみません。隣の席に (座っても) いいですか。

2) あ、時間ですね。今日はもう (帰っても) いいですよ。

3) すみません。ここにコートを (かけても) いいですか。

4) 授業中に (寝ては) いけませんよ。

5) 美術館では (写真を撮っては) いけません。

052

연습 2 다음 상황에서 허가를 받기 위해 필요한 문장을 만드세요.

1) すみません。写真を撮ってもいいですか。

2) すみません。中に入ってもいいですか。

3) すみません。少し休んでもいいですか。

4) すみません。飲み物は水でもいいですか。

Chapter 16

053

연습 1 [ ] 안의 표현을 사용하여 다음 문장을 완성하세요.

1) 友だちの前で告白されて 恥ずかしかったです。

2) 恋人と別れて 悲しかったです。

3) 成績がB+で がっかりしました。

4) ストッキングが破れて 困りました。

054

연습 2 다음 상황이 원인이 되어 일어날 일을 상상하여 문장으로 완성하세요.

1) 車がパンクして授業に遅れました。

2) とても寒くて死にそうです。

3) 行きつけのお店がなくなってがっかりしました。

4) 雨が降ってすずしくなりました。

Chapter 17

055

연습 1 [ ] 안에서 알맞은 표현을 골라 문장을 완성하세요.

1) 時間がない [**から**] 急げ。
2) 危ない [**から**] 触るな。
3) 時間がない [**ので**] 急いでくださいませんか。

056

연습 2 다음 질문에 대한 각 답변의 의미 차이를 설명하세요.

A1 : 事故があって遅れました。: 사고가 일어나서 그 결과 늦었다는 필연적인 사실 관계

A2 : 事故があったから遅れました。: 사고 때문에 늦었을 뿐 자신의 잘못은 없다고 말하는 느낌

A3 : 事故があったので遅れました。: 늦은 이유 및 원인이 사고라는 것을 설명

Chapter 18

057

연습 1 다음 표를 완성하고 자동사와 타동사의 특징에 대해 생각해 보세요.

자동사	해석	타동사	해석
上がる	오르다	上げる	올리다
切れる	끊어지다, 잘리다	切る	끊다, 자르다
入る	**들어가다, 들어오다**	入れる	넣다
消える	꺼지다	消す	**끄다**
閉まる	**닫히다**	閉める	닫다
落ちる	**떨어지다**	落とす	**떨어뜨리다**
倒れる	**쓰러지다**	倒す	쓰러뜨리다
下がる	**내려가다**	下げる	**내리다**
出る	**나가다, 나오다**	出す	꺼내다
聞こえる	**들리다**	聞く	**듣다**
かかる	걸리다	かける	**걸다**
起きる	**일어나다**	起こす	**깨우다**
建つ	**세워지다**	建てる	**세우다**
割れる	**깨지다, 갈라지다**	割る	**깨다**

058

연습 1 ( ) 안에 알맞은 조사를 넣어 문장을 완성하세요.

1) 黒板 (**を**) 消してください。
2) 食事する前に手 (**を**) 洗ってください。
3) 洗濯物 (**が**) よく乾きます。
4) シートベルト (**を**) 閉めてください。
5) 研修のスケジュール (**が**) 決まりました。

Chapter 19

059

연습 1 ( ) 안의 단어에 '~ていく' 또는 '~てくる'를 접속하여 문장을 완성하세요.

1) 病気でだんだん (**やせてき**) ました。
2) 世界平和のため長い間 (**努力してき**) ました。
3) 世界人口はこれからも (**増えていく**) でしょう。
4) 地球温暖化によって気温がもっと (**高くなっていく**) でしょう。
5) UFOが東に (**飛んでいき**) ました。

060

연습 2 다음 문장의 차이를 설명하세요.

1) a. 桃が流れてきました。: 복숭아가 실제로 발화자가 있는 곳으로 흘러서 왔다는 의미
   b. 桃が流れていきます。: 복숭아가 실제로 발화자가 있는 곳에서부터 멀리 흘러서 갈 것이라는 의미
2) a. このごろ暑くなってきました。: 발화시점 이전부터 발화시점까지 기온이 올라 날씨가 더워졌다는 의미
   b. ますます暑くなっていきます。: 발화시점에서부터 미래로 가면서 점점 기온이 올라 날씨가 더워질 것이라는 의미
3) a. ありが集まってきました。: 개미가 실제로 발화자가 있는 곳으로 모여서 왔다는 의미
   b. 集まっていきます。: 개미가 실제로 발화자가 있는 곳에서부터 멀리 모여서 갈 것이라는 의미
4) a. 日本語を勉強してきました。: 과거에서부터 발화시점까지 일본어를 공부를 해왔다는 의미
   b. 日本語を勉強して来ました。: 일본어를 공부한 후, 이곳에 왔다는 의미

Chapter 20

061

연습 1 해석에 맞는 표현을 ( ) 안에 넣어 문장을 완성하세요.

1) みんなに注意事項を伝えて (**おきました**)。
2) 食卓の上にメモが書いて (**あります**)。
3) 海外旅行のために、100万円を貯めて (**おきました**)。
4) 部屋に花が飾って (**あります**)。

062

연습 2 예와 같이 파티를 주최한 호스트와 초대받은 게스트의 입장에서 다음 문장을 완성하세요.

1) **ケーキが作ってありました。**
2) **ビールが冷やしてありました。**
3) **プレゼントが用意してありました。**
4) **席が決めてありました。**
5) **花が飾ってありました。**

Chapter 21

063

연습 1 다음 표를 완성하세요.

사전형(뜻)	부정형
書く　쓰다	**書かない**
立つ　서다	**立たない**
死ぬ　죽다	**死なない**
取る　집다	**取らない**
入る　들어가(오)다	**入らない**
いる　있다	**いない**

064

연습 2 다음 문장을 완성하세요.

1) このドアはなかなか (**開か**) ない。
2) 佐藤(さとう)さんは冬でもコートを (**着**) ない。
3) 彼は引きこもりで誰にも (**会わ**) ない。
4) この話しは誰にも (**話さ**) ない。
5) エアコンをつけた。しかし、まだ室内の温度が (**下がら**) ない。

Chapter 22

065

연습 1 다음 표를 완성하세요.

い형용사		な형용사		명사	
사전형	부정형	사전형	부정형	사전형	부정형
おいしい	**おいしくない**	有名	**有名じゃない**	スマホ	**スマホじゃない**
かわいい	**かわいくない**	親切	**親切じゃない**	車	**車じゃない**
長い	**長くない**	きれい	**きれいじゃない**	時計	**時計じゃない**
薄い	**薄くない**	楽	**楽じゃない**	先生	**先生じゃない**

066

연습 2 다음 문장을 완성하세요.

1) 実はあの人、(**韓国の人じゃ**) ないんだ。
2) 北海道の夏はそんなに (**暑く**) ない。
3) 人の陰口を言うのは (**よく**) ない。
4) 隆(たかし)くんは (**まじめじゃ**) ない。
   ときどき授業をさぼっている。
5) 僕は刺身があまり (**好きじゃ**) ないです。

Chapter 23

067

연습 1 다음 문장을 완성하세요.

1) モデルは背が (**高く**) なければなりません。
2) 運転手さんは運転が (**上手じゃ**) なければなりません。
3) グループ活動は、みんな (**協力し**) なければならない。
4) 消防士は (**勇敢じゃ**) なければなりません。
5) 相撲の力士は (**男性じゃ**) なければなりません。

068

연습 2 다음 직업이 갖춰야 하는 항목이나 반드시 해야 하는 일을 상상하여 문장으로 완성하세요.

1) **正直じゃなければなりません。**
2) **歌が上手じゃなければなりません。**
3) **頭がよくなければなりません。**
4) **声がきれいじゃなければなりません。**
5) **教師の免許がなければなりません。**
6) **静かに歩かなければなりません。**

Chapter 24

069

연습 1 다음 문장을 완성하세요.

1) 朝食は必ず (**食べる**) ようにしています。
2) この単語を (**忘れ**) ないようにしてください。
3) 約束に (**遅れ**) ないように早めに出発しましょう。
4) 忘れ物を (**し**) ないように気をつけてください。
5) 迷惑を (**かけ**) ないようにしてください。

070

연습 2 다음과 같은 상황의 사람에게 일본어로 조언을 해 보세요.

1) **夜、遅くまでゲームしないようにしてください。**
2) **毎日アップロードするようにしてください。**

Chapter 25

071

연습 1 ( ) 안의 단어를 문형에 맞게 고친 후, '~ないで' 또는 '~なくて'를 접속하여 문장을 완성하세요.

1) タクシーに (**乗ら**) [**ないで**]、バスに乗りました。
2) 本を (**読ま**) [**ないで**] ゲームばかりしていて心配です。
3) 雨が (**降ら**) [**なくて**]、困りました。
4) 犬がえさを (**食べ**) [**なくて**] 心配です。

072

연습 2 다음 문장을 자유롭게 완성하세요.

1) お箸で食べないで **フォークで食べました。**
2) バイトが見つからなくて **困っています。**
3) 弟は学校へ行かないで **ホームスクーリングをしています。**
4) お金が足りなくて **カードで買いました。**
5) カトクで話さないで **電話で話しましょう。**

Chapter 26

073

연습 1 다음 문장을 완성하세요.

1) 電車で駆け込み乗車を (**し**) ないでください。
2) 黄色い線の中に (**入ら**) ないでください。

연습 2 다음 문장을 완성하세요.

1) 英語は (**上手じゃ**) なくてもいいです。
2) 司会者は (**プロじゃ**) なくてもいいです。

074

연습 3 다음 장소 및 상황에서 하면 안되는 것은 무엇일까요? '~ないでください' 표현을 사용하여 문장으로 만드세요.

1) 病院では
   - ➔ **大きな声で話さないでください。**
   - ➔ **走らないでください。**
2) デートするときは
   - ➔ **他の人を見ないでください。**
   - ➔ **約束の時間に遅れないでください。**

Chapter 27

075

연습 1 다음 표를 완성하세요.

사전형(뜻)	가능형
泳ぐ　헤엄치다	**泳げる**
書く　쓰다	**書ける**
直す　고치다	**直せる**
入る　들어가(오)다	**入れる**
食べる　먹다	**食べられる**

연습 2 ( ) 안에 알맞은 조사를 넣어 가능형의 문장으로 완성하세요.

彼は辛いものを食べます。

➔ 彼 (**は**) 辛いもの (**が**) 食べられます。

076

연습 3 해리포터가 할 수 있는 것을 가능형을 사용하여 문장으로 만들어 보세요.

1) **魔法が使えます。**
2) **空が飛べます。**
3) **体が消せます。**
4) **ヴォルデモートが殺せます。**

Chapter 28

077

연습1 다음 표를 완성하세요.

사전형(뜻)	사역형	사전형(뜻)	사역형
書く 쓰다	**書かせる**	急ぐ 서두르다	**急がせる**
話す 이야기하다	**話させる**	食べる 먹다	**食べさせる**

078

연습2 예와 같이 문장을 완성하세요.

시킨 대상 동작주

1) 先輩 (は) 後輩 (に) 宿題を**させました。**
2) お母さん (は) 私 (を) コンビニへ **行かせました。**
3) 犬 (は) 田中さん (を) いつも **笑わせます。**

Chapter 29

079

질문2 다음 표를 완성하세요.

사전형(뜻)	의향・청유형
買う 사다	**買おう**
行く 가다	**行こう**
撮る 찍다	**撮ろう**
見る 보다	**見よう**

연습1 ( ) 안의 단어를 의향・청유형으로 바꾸고 문장을 한국어로 해석하세요.

1) あしたは早く (**こよう**) と思います。
   해석 : **내일은 일찍 오려고 생각합니다.**
2) ヨーロッパ旅行に (**行こう**) と思います。
   해석 : **유럽여행을 가려고 생각합니다.**
3) 友だちに (**頼もう**) と思います。
   해석 : **친구에게 부탁하려고 생각합니다.**
4) 全然タバコを (**やめよう**) と思いません。
   해석 : **전혀 담배를 끊으려고 생각하지 않습니다.**
5) 自転車で世界一周を (**しよう**) と思っています。
   해석 : **자전거로 세계일주를 하려고 생각하고 있습니다.**

080

연습2 여름방학과 겨울방학에 각각 무엇을 할 것인지 의향・청유형 표현을 사용하여 계획을 적어 봅시다.

여름방학에는…
: **友だちといっしょに海へ行こうと思います。**
겨울방학에는…
: **さっぽろへ行って雪祭りを見ようと思います。**

Chapter 30

082

연습 그림의 상황을 명령형 또는 금지형 표현을 사용하여 문장으로 완성하세요.

1) **立て / 座れ**　　2) **押すな**
3) **食べるな**　　4) **止まれ**

Chapter 31

083

연습1 다음 표를 완성하세요.

사전형(뜻)	수동형	사전형(뜻)	수동형
読む	**読まれる**	買う	**買われる**
話す	**話される**	入る	**入られる**
聞く	**聞かれる**	閉める	**閉められる**

084

연습2 다음 상황을 수동형 표현을 사용하여 문장으로 만드세요.

1) **犬に服を汚されました。**
2) **猫に頭の上に上られました。**

Chapter 32

085

연습1 다음 문장을 완성하세요.

1) 小説『1Q84』は村上春樹によって (**書かれました**)。
2) ロケットは1232年に中国人によって (**作られました**)。
3) ドローンもニコラ・テスラによって (**開発されました**)。

4) ハングルはセジョン大王によって (**作られました**)。

086

연습 2 다음을 '누가' 또는 '무엇으로' 만들었는지 검색한 후, 수동형 문장으로 만드세요.

1) ジーンズは **1870年、ヤコブ・デービスによって作られました。**
2) ソウルのDDPは **2014年、ザハ・ハディドによってデザインされました。**
3) サグラダ・ファミリアは **アントン・ガウディによって建てられました。**
4) 小説『罪と罰』は **1866年、フョードル・ドストエフスキーによって書かれました。**
5) 江戸幕府は **1603年、徳川家康によって作られました。**

Chapter 33

087

연습 1 예와 같이 문장의 주어를 바꾸어 수동형 문장으로 완성하세요.

1) (**私**) は (**弟**) に (**スマホ**) を落とされました。
2) 電車で (**私**) は (**前の人**) に (**足**) を踏まれました。
3) (**中村さん**) は (**山口さん**) に (**肩**) を抱かれました。

088

연습 2 다음 문장의 주어를 바꾸어 수동형 문장으로 만들고 해석하세요.

1) 수동형 문장 : **私は犬にスカートを汚されました。**
   해석 : **개가 내 스커트를 더럽혔습니다.**
2) 수동형 문장 : **私は自転車に足をひかれた。**
   해석 : **나는 자전거에 발을 치였다.**
3) 수동형 문장 : **バスに行かれてしまいました。**
   해석 : **버스가 가버렸습니다.**
4) 수동형 문장 : **岡田さんは大森さんにパソコンを壊されてしまいました。**
   해석 : **오오모리 씨가 오카다 씨의 컴퓨터를 부숴버렸습니다.**

Chapter 34

089

연습 1 다음 문장을 완성하세요.

1) 目が悪い (**と**)、パイロットになれません。
   해석 : **눈이 나쁘면 파일럿이 될 수 없습니다.**
2) 子どもが嫌い (**だと**)、幼稚園の先生になれません。
   해석 : **아이를 싫어하면 유치원 선생님이 될 수 없습니다.**
3) 地下鉄は65才になる (**と**)、ただで乗れます。
   해석 : **지하철은 65세 이상이 되면 무료로 탈 수 있습니다.**
4) 成績は60点以上 (**だと**)、合格です。
   해석 : **성적은 60점 이상이면 합격입니다.**

090

연습 2 예와 같이 자유롭게 문장을 완성하세요.

1) **甘いものが好きだと太りやすいです。**
2) **歩きスマホをするとあぶないです。**
3) **好きな人に会うとドキドキします。**
4) **大人になるとお酒が飲めます。**

Chapter 35

091

연습 1 다음 문장을 완성하세요.

1) もし雨が (**降っ**) たら、行きません。
2) 空港に (**着い**) たら、電話してください。
3) 本を買いに (**行っ**) たら、売り切れでした。
4) (**寒かっ**) たら、ヒーターをつけてください。
5) 薬を (**飲ん**) だら、頭痛が治りました。
6) 明日、(**天気になっ**) たら、ピクニックへ行きましょう。

092

연습 2 다음 두 개의 문장을 'たら' 또는 'と'를 사용하여 한 문장으로 만드세요.

1) **明日雨が降ったらうちの中で遊びましょう。**
2) **右に曲がるとコンビニがあります。**
3) **頭が痛かったら休んでください。**
4) **明日休講だったら映画でも見に行きませんか。**

연습 3 다음 문장의 의미 차이를 설명해 보세요.

1) 薬を飲んだら頭痛が治ります。: 약을 먹으면 그 후에는 두통이 낫는다는 전후 관계
2) 薬を飲むと頭痛が治ります。: 약을 먹으면 그 결과 두통이 낫는다는 의미

Chapter 36

093

연습1 다음 문장을 완성하세요.

1) 日本語の本を買うなら (**大きい本屋**) がいいですよ。
2) 大学の近くのおいしいお店なら (**あの店**) が一番ですね。
3) 背が高くなりたいなら (**運動し**) てください。
4) 初めてのデートなら、(**遊園地**) がいいんじゃないですか。

094

연습2 다음 문장의 의미 차이를 설명해 보세요.

1) 車を買うと、お金がなくなります。: 차를 사면 당연히 그 결과 돈이 없어진다는 의미
2) 車を買えば、どこでも行けます。: 차를 사지 않으면 아무데도 못 간다는 의미
3) 車を買ったら、ドライブをしましょう。: 만일 차를 사게 된다면 드라이브하자는 의미
4) 車を買うなら、何色にしますか。: 자동차를 산다면 무슨 색이 제일 좋다고 생각하는지 묻는 의미

Chapter 37

095

연습1 다음 표를 완성하세요.

동사	い형용사	な형용사	명사
立つ ➔ **立てば**	おいしい ➔ **おいしければ**	有名 ➔ **有名ならば**	スマホ ➔ **スマホならば**
取る ➔ **取れば**	うれしい ➔ **うれしければ**	親切 ➔ **親切ならば**	時計 ➔ **時計ならば**
いる ➔ **いれば**	かわいい ➔ **かわいければ**	きれい ➔ **きれいならば**	本 ➔ **本ならば**

096

연습2 다음 문장을 완성하세요.

1) ユリさんが (**見れ**) ば、私も見ます。
2) 先生が (**来なけれ**) ば、授業は始まりません。
3) 足し算が (**できれ**) ば、掛け算もできるでしょう。
4) 30分早く (**でかけれ**) ば、間に合いましたが…

연습3 다음 문장의 의미 차이를 설명해 보세요.

1) 雨が降ると休みます。: 비가 오면 당연히 쉰다는 의미
2) 雨が降ったら休みます。: 만일 비가 온다면 쉰다는 의미
3) 雨が降れば休みます。: 비가 내리지 않으면 쉬지 않는다는 의미를 포함

Chapter 38

097

연습 다음을 일본어 문장으로 만드세요.

1) **春になると暖かくなります。**
2) **あなたが行けば私も行きます。**
3) **ペットならネコがいちばんいいです。**
4) **日本に着いたら電話します。**
5) **日本人の恋人ができると日本語が上手になります。**
6) **北海道なら雪祭りが有名です。**
7) **もし、雨が降ったら延長します。**

어휘

Chapter 1

髪の毛	かみのけ	머리카락
自分	じぶん	자기, 자신
部屋	へや	방
プラモデル	ぷらもでる	프라모델
引っ越し	ひっこし	이사
荷物	にもつ	짐
片づける	かたづける	정리하다, 정돈하다
時間	じかん	시간
以上	いじょう	이상
映画	えいが	영화
滑り台を滑る	すべりだいをすべる	미끄럼틀을 타다
順番を待つ	じゅんばんをまつ	순서를 기다리다
写真を撮る	しゃしんをとる	사진을 찍다
綿飴	わたあめ	솜사탕

Chapter 2

カチューシャ	かちゅーしゃ	머리띠
真珠	しんじゅ	진주
ネックレス	ねっくれす	목걸이
水玉	みずたま	물방울
そでなし	そでなし	민소매
腕時計	うでどけい	손목시계
ヒール	ひーる	하이힐
はく	はく	(하의를) 입다, 신다
かぶる	かぶる	쓰다
かける	かける	걸다, 쓰다
半そで	はんそで	반팔
しめる	しめる	매다
グレー	ぐれー	그레이, 회색
半ズボン	はんずぼん	반바지
靴下	くつした	양말
サンダル	さんだる	샌들
ジーンズ	じーんず	청바지
眼鏡	めがね	안경
コート	こーと	코트
探す	さがす	찾다
スカーフ	すかーふ	스카프

Chapter 3

花	はな	꽃
咲く	さく	(꽃이) 피다
結婚する	けっこんする	결혼하다
消す	けす	지우다, 끄다
走る	はしる	달리다
落ちる	おちる	떨어지다
泣く	なく	울다
開く	あく	열리다
遊ぶ	あそぶ	놀다
死ぬ	しぬ	죽다
知る	しる	알다
住む	すむ	살다, 거주하다
雨が降る	あめがふる	비가 오다, 비가 내리다

Chapter 4

ボタン	ぼたん	버튼, 단추
花びん	かびん	꽃병

Chapter 5

女性	じょせい	여성
おごる	おごる	한턱 내다
男性	だんせい	남성
助ける	たすける	돕다, 구조하다
作る	つくる	만들다
写真	しゃしん	사진
見せる	みせる	보여주다
持つ	もつ	들다
孫	まご	손자
おばあさん	おばあさん	할머니
車椅子	くるまいす	휠체어
押す	おす	누르다, 밀다
看護師	かんごし	간호사
息子	むすこ	아들
両親	りょうしん	부모

Chapter 6

昨日	きのう	어제
やむ	やむ	멈추다, 그치다
鳴る	なる	울리다
深夜映画	しんやえいが	심야영화
先に	さきに	먼저
~ぶり	ぶり	~만에
子供	こども	어린이, 아이
~頃	ころ	경, 때, 적

Chapter 7

町	まち	마을, 동네
昔	むかし	옛날
海	うみ	바다
誕生日	たんじょうび	생일
去年	きょねん	작년
冬	ふゆ	겨울
前は	まえは	전에는
先週	せんしゅう	지난주
久しぶりに	ひさしぶりに	오랜만에
問題	もんだい	문제

Chapter 8

飛行機	ひこうき	비행기
乗る	のる	타다
ご飯	ごはん	밥
宝くじ	たからくじ	복권
当たる	あたる	당첨되다
財布	さいふ	지갑
拾う	ひろう	줍다
うそをつく	うそをつく	거짓말을 하다
服	ふく	옷
見つからない	みつからない	발견되지 않다, 못 찾다
遅刻する	ちこくする	지각하다

Chapter 9

髪	かみ	머리, 머리카락
料理する	りょうりする	요리하다
絵を描く	えをかく	그림을 그리다
シャワーを浴びる	しゃわーをあびる	샤워를 하다
約束	やくそく	약속
でかける	でかける	나가다, 외출하다
結婚式	けっこんしき	결혼식
明日	あした	내일
発表	はっぴょう	발표
~について	について	~에 관해서
話し合う	はなしあう	의논하다, 협의하다

Chapter 10

使う	つかう	사용하다
空間	くうかん	공간
履く	はく	(하의를) 입다, 신다
靴	くつ	구두
免許を取る	めんきょをとる	면허를 취득하다
乾く	かわく	마르다
雨の日	あめのひ	비 오는 날
洗濯物	せんたくもの	세탁물
晴れの日	はれのひ	맑은 날, 개인 날

Chapter 11

夜食	やしょく	야식
責任	せきにん	책임
重い	おもい	무겁다
辛い	からい	맵다
夕べ	ゆうべ	어제저녁
量	りょう	양말
試験	しけん	시험
素敵	すてき	멋지다
平均点	へいきんてん	평균점
お酒	おさけ	술
顔	かお	얼굴
ほめる	ほめる	칭찬하다
教育	きょういく	교육
よくない	よくない	좋지 않다
場合	ばあい	경우

Chapter 12

天気	てんき	날씨
岩	いわ	바위
足	あし	발
ロープ	ろーぷ	로프
切れる	きれる	끊어지다

Chapter 13

便利	べんり	편리하다
芸術家	げいじゅつか	예술가
ウクレレ	うくれれ	우쿨렐레
今年	ことし	금년
来週	らいしゅう	다음 주
週間	しゅうかん	주간
夏休み	なつやすみ	여름방학, 여름휴가
知り合い	しりあい	아는 사람
漢字	かんじ	한자
実験	じっけん	실험
始まる	はじまる	시작되다
会社	かいしゃ	회사
近く	ちかく	근처
年間	ねんかん	연간
留学	りゅうがく	유학

Chapter 14

帰る	かえる	돌아가다, 돌아오다
ソムリエ	そむりえ	소믈리에
お肉	おにく	고기
中部地方	ちゅうぶちほう	중부지방
梅雨	つゆ	장마
風邪を引く	かぜをひく	감기가 들다, 감기에 걸리다
花粉症	かふんしょう	꽃가루 알레르기

Chapter 15

タバコを吸う	たばこをすう	담배를 피우다
お箸	おはし	젓가락
食べ物	たべもの	음식, 음식물
渡す	わたす	건네주다
隣	となり	옆
席	せき	자리, 좌석
座る	すわる	앉다
~中	ちゅう	~중
寝る	ねる	자다
美術館	びじゅつかん	미술관
入る	はいる	들어가다, 들어오다
飲み物	のみもの	음료, 음료수
水	みず	물
~しか	しか	~밖에

Chapter 16

薬	くすり	약
びっくりする	びっくりする	깜짝 놀라다
がっかりする	がっかりする	실망하다, 낙담하다
安心する	あんしんする	안심하다
悲しい	かなしい	슬프다
困る	こまる	곤란하다
うれしい	うれしい	기쁘다
寂しい	さびしい	쓸쓸하다, 외롭다
残念	ざんねん	유감
恥ずかしい	はずかしい	창피하다, 부끄럽다
告白される	こくはくされる	고백 받다
別れる	わかれる	헤어지다
成績	せいせき	성적
ストッキング	すとっきんぐ	스타킹
破れる	やぶれる	찢어지다
車がパンクする	くるまがぱんくする	차가 펑크나다
寒い	さむい	춥다
行きつけのお店	いきつけのおみせ	단골 가게
なくなる	なくなる	없어지다

Chapter 17

お腹が空く	おなかがすく	배가 고프다
急ぐ	いそぐ	서두르다
痛い	いたい	아프다
止める	やめる	그만두다
親切	しんせつ	친절, 친절하다
店	みせ	가게

人気	にんき	인기
予約	よやく	예약
難しい	むずかしい	어렵다
空気	くうき	공기
悪い	わるい	나쁘다
使い方	つかいかた	사용법
簡単	かんたん	간단하다
急げ	いそげ	서둘러
危ない	あぶねい	위험하다
触るな	さわるな	만지지 마
遅れたんですか	おくれたんですか	늦었습니까?
事故	じこ	사고

Chapter 18

黒板	こくばん	칠판
食事	しょくじ	식사
洗う	あらう	씻다
研修	けんしゅう	연수

Chapter 19

流れる	ながれる	흐르다
増える	ふえる	증가하다
病気	びょうき	병
だんだん	だんだん	점점, 차츰차츰
やせる	やせる	여위다, 마르다
世界平和	せかいへいわ	세계평화
長い間	ながいあいだ	오랫동안
努力する	どりょくする	노력하다
人口	じんこう	인구
地球温暖化	ちきゅうおんだんか	지구 온난화
気温	きおん	기온
高くなる	たかくなる	높아지다
東	ひがし	동쪽
飛ぶ	とぶ	날다
桃	もも	복숭아
このごろ	このごろ	요즘
ますます	ますます	점점 더, 더욱더
あり	あり	개미
集まる	あつまる	모이다

Chapter 20

窓	まど	창, 창문
開ける	あける	열다
注意事項	ちゅういじこう	주의사항
伝える	つたえる	전달하다
食卓	しょくたく	식탁
海外旅行	かいがいりょこう	해외여행
貯める	ためる	저축하다
飾る	かざる	장식하다
バンド	ばんど	밴드
呼ぶ	よぶ	부르다
冷やす	ひやす	차게 식히다
用意する	よういする	준비하다
決める	きめる	결정하다

Chapter 21

なかなか	なかなか	좀처럼
引きこもり	ひきこもり	은둔형 외톨이
エアコンをつける	えあこんをつける	에어컨을 켜다
室内	しつない	실내
温度	おんど	온도
下がる	さがる	내려가다

Chapter 22

楽	らく	안락하다, 쉽다
薄い	うすい	얇다
実は	じつは	실은, 사실은
北海道	ほっかいどう	북해도
夏	なつ	여름
陰口	かげぐち	험담
ときどき	ときどき	가끔, 때때로
さぼる	さぼる	태만히 하다, 빼먹다
刺身	さしみ	회

Chapter 23

背が高い	せがたかい	키가 크다
運転手	うんてんしゅ	운전기사

運転	うんてん	운전
グループ	ぐるーぷ	그룹
活動	かつどう	활동
みんな	みんな	모두
協力する	きょうりょくする	협력하다
消防士	しょうぼうし	소방관
勇敢	ゆうかん	용감하다
相撲	すもう	일본 씨름
力士	りきし	씨름선수
政治家	せいじか	정치가
歌手	かしゅ	가수
医者	いしゃ	의사
教師	きょうし	교사
泥棒	どろぼう	도둑

Chapter 24

薬を飲む	くすりをのむ	약을 먹다
朝食	ちょうしょく	조식
必ず	かならず	반드시
単語	たんご	단어
忘れる	わすれる	잊다
早め	はやめ	일찌감치
出発	しゅっぱつ	출발
忘れ物	わすれもの	물건을 깜빡 잊음
気をつける	きをつける	조심하다, 정신을 차리다
迷惑をかける	めいわくをかける	폐를 끼치다
朝	あさ	아침
起きられない	おきられない	일어날 수 없다, 못 일어나다

Chapter 25

えさ	えさ	먹이
心配	しんぱい	걱정
弟	おとうと	남동생
足りない	たりない	모자라다, 부족하다

Chapter 26

廊下	ろうか	복도
電車	でんしゃ	지하철
駆け込み乗車	かけこみじょうしゃ	뛰어들며 승차하기
黄色い	きいろい	노란색
線	せん	선
広い	ひろい	넓다
英語	えいご	영어
司会者	しかいしゃ	사회자
プロ	ぷろ	프로
病院	びょういん	병원

Chapter 28

先輩	せんぱい	선배
後輩	こうはい	후배
宿題	しゅくだい	숙제
笑う	わらう	웃다

Chapter 29

早く	はやく	일찍
思う	おもう	생각하다
ヨーロッパ	よーろっぱ	유럽
頼む	たのむ	부탁하다
全然	ぜんぜん	전혀
自転車	じてんしゃ	자전거
一周	いっしゅう	일주

Chapter 31

日記	にっき	일기
汚す	よごす	더럽히다

Chapter 32

電気	でんき	전기
発明	はつめい	발명
大陸	たいりく	대륙
発見	はっけん	발견
みにくいアヒルの子	みにくいあひるのこ	미운 오리 새끼
白菜	はくさい	배추
ぶどう	ぶどう	포도

小説	しょうせつ	소설
ドローン	どろーん	드론
開発	かいはつ	개발
大王	だいおう	대왕
罪と罰	つみとばつ	죄와 벌
江戸幕府	えどばくふ	에도 막부

Chapter 33

母	はは	엄마
コップ	こっぷ	컵
割る	わる	깨다
姉	あね	언니, 누나
落とす	おとす	떨어뜨리다
踏む	ふむ	밟다
肩	かた	어깨
抱く	だく	안다, 껴안다
ひく	ひく	치다
壊す	こわす	부수다

Chapter 34

春	はる	봄
暖かい	あたたかい	따뜻하다
売れる	うれる	팔리다
不親切	ふしんせつ	불친절하다
幼稚園	ようちえん	유치원
~になる	になる	~이(가) 되다, ~하게 되다
ただ	ただ	공짜, 무료
合格	ごうかく	합격
秋	あき	가을
紅葉	こうよう	단풍, 단풍잎
甘いもの	あまいもの	단 것
歩きスマホ	あるきすまほ	보행 중 스마트폰 사용
大人	おとな	어른

Chapter 35

着く	つく	도착하다
連絡	れんらく	연락
具合が悪い	ぐあいがわるい	몸이 좋지 않다, 컨디션이 좋지 않다
方	ほう	쪽, 편
もし	もし	만일, 만약
空港	くうこう	공항
電話	でんわ	전화
売り切れ	うりきれ	품절
ヒーター	ひーたー	히터
頭痛	ずつう	두통
治る	なおる	낫다, 치료되다
天気になる	てんきになる	날씨가 개다
曲がる	まがる	구부러지다, 돌다
頭	あたま	머리
休講	きゅうこう	휴강

Chapter 36

一番	いちばん	최고
真ん中	まんなか	한가운데
初めて	はじめて	처음, 처음으로
何色	なにいろ	무슨 색

Chapter 37

掛け算	かけざん	곱셈
間に合う	まにあう	제시간에 대다

Chapter 38

ペット	ぺっと	애완 동물
できる	できる	생기다
雪祭り	ゆきまつり	눈축제
延長	えんちょう	연장
歯を磨く	はをみがく	이를 닦다, 양치질을 하다
足し算	たしざん	덧셈
マニュアル	まにゅある	매뉴얼
まっすぐ	まっすぐ	곧장, 똑바로

한양대학교 일본어교재편찬위원회

—

한양대학교 국제문화대학 일본학과

세키 요우코 외

제 꿈은 '선생님'이었습니다. 귀여운 초등학생들의 선생님이 되고자 공부했지만, 인생이란 참 알 수 없는 것이죠. 선생님의 꿈을 이루기는 했으나 한양대학교에서 일본어를 가르치고 있으니 말입니다.

저는 이곳에서 학생을 가르치며, 교육은 '학생들이 공부하고 싶은 환경과 배울 가치가 있는 수업을 만드는 것'임을 깨닫게 되었습니다.

『일본어 한대 1 – 초급부터 한대』에 이어 집필한 『일본어 한대 2 – 중급도 한대』가 일본어를 공부하는 여러분께 학습의 가치와 즐거움을 찾는 도구가 되기를 바랍니다.

일본어 한대 2 — 중급도 한대

한양대학교 일본어교재편찬위원회 편

펴낸날 2019년 8월 30일 초판 1쇄

펴낸이 김우승 ● **펴낸곳** 한양대학교출판부 ● **출판등록** 제4-7호(1972.2.29)

주소 서울 성동구 왕십리로 222 ● **전화** 02.2220.1432-4 ● **팩스** 02.2220.1435

홈페이지 press.hanyang.ac.kr ● **이메일** presshy@hanyang.ac.kr

일러스트 김나윤 ● **표지디자인** 안광일 ● **본문디자인·편집** 정준기 ● **인쇄** 현문

값 **16,000** 원

ISBN 978.89.7218.620.5 (93730)